FIT DURCH GEHIRN-TRAINING

Woche für Woche

FIT DURCH GEHIRN-TRAINING

Woche für Woche

Bill Lucas

52 Techniken für Geist und Gedächtnis

evergreen

EVERGREEN is an imprint of
TASCHEN GmbH

Hohenzollernring 53, D–50672 Köln
www.taschen.com

Originaltitel: Boost Your Mind Power Week by Week

Produktion: Print Company Verlagsges.m.b.H., Wien
Übersetzung: Natalia Schaupp

ISBN 978–3–8365–0353–2
Printed in Malaysia

Hinweis: Weder Verlag noch Autor haften für etwaige Verletzungen oder Schäden, die aus den gesundheitlichen Ratschlägen in diesem Buch resultieren könnten.

Inhalt

Einleitung

Denken Sie jemals darüber nach, was passiert, wenn Sie Ihr Gehirn einsetzen? Was in Ihrem Kopf geschieht, wenn Sie über die Lösung eines Problems nachdenken, sich an den Namen einer Person erinnern oder etwas Neues lernen? Wüssten Sie die Antwort auf diese Fragen, würden Sie den außergewöhnlichsten und wunderbarsten Teil Ihres Körpers – Ihr Gehirn – besser verstehen.

Im 18. und 19. Jahrhundert glaubte man, unser Gehirn sei ein leeres Gefäß, das darauf warte, mit Fakten gefüllt zu werden. Heute verfügen wir über ganz andere Erkenntnisse. Die Entwicklung moderner Gehirn-Computer-Tomographie bewies, dass Gefühle genauso wichtig sind wie Fakten. Wir haben begriffen, dass wir Individuen sind und dass Intelligenz nichts Unveränderliches ist. Wir können lernen, klüger zu werden. Das Bewusstsein um unsere Geisteskräfte und darüber, wie wir an eine Aufgabe herangehen, ermöglichen es uns, unsere Geisteskräfte mehr und mehr zu nutzen.

Jahrhundertelang wurde Kindern als Grundlage allen Wissens Lesen, Schreiben und Rechnen beigebracht. So wichtig diese drei Säulen auch sind, sie stellen nicht sicher, dass wir den komplexen Herausforderungen unseres Jahrhunderts gewachsen sind. In diesem Buch präsentiere ich meine Methode, wie Sie Ihre geistige Leistungsfähigkeit steigern können – mit Hilfe meiner fünf Säulen: Denkkraft, geistige Beweglichkeit, Erinnerung, Reflexion und Anpassung. Denkkraft bedeutet, in jeder Situation eine Reihe von Techniken zur Verfügung zu haben. Geistige Beweglichkeit ist die Fähigkeit, einen Weg aus einer festgefahrenen Situation zu finden. Erinnerung bedeutet, bereits Erlerntes in neuen Situationen anzuwenden. Reflexion heißt, im Erlebten einen Sinn zu erkennen. Und Anpassung bedeutet, das Erlernte abzuändern – kurz: es in die Praxis umzusetzen.

Durch die Anwendung der fünf Säulen kann jeder in unserer sich rasch ändernden Welt glücklich und erfolgreich sein. Aber der Schlüssel zur Verwirklichung Ihrer Ziele sind Sie. Sie müssen den Willen haben, Ihre geistigen Kapazitäten voll auszuschöpfen und Zeit sowie Mühe dafür aufzubringen.

Im 21. Jahrhundert wird es unschätzbar wichtig sein, rasch und effizient zu lernen, und das wichtigste Instrument bei diesem Prozess ist Ihr Geist. In den 52 Schritten, die in diesem Buch vorkommen, stelle ich Ihnen eine Vielzahl an Arten vor, wie Sie Ihren Geist trainieren können. Vielleicht möchten Sie nach und nach jede Woche eine neue Technik ausprobieren. Oder Sie gehen das Ganze spontaner an. Vielleicht sind Sie auch sehr ehrgeizig und probieren gleich mehrere Techniken gleichzeitig aus. Bei fast jedem Schritt finden Sie am Ende der Seite ➤➤ Verweise zu weiteren wichtigen Schritten. In jedem Fall werden Sie in diesem Buch erfahren, wie Sie für den Rest Ihres Lebens effizienter lernen können.

KAPITEL 1

Wie Ihr Geist funktioniert

In den letzten 20 Jahren gab es bezüglich komplexer Vorgänge im menschlichen Gehirn bahnbrechende Erkenntnisse. Dennoch verstehen wir vieles nur ansatzweise. Für unser Erinnerungsvermögen, für die Art, wie wir anderen Gefühle und Informationen mitteilen, für unsere Fähigkeit, Aufgaben zu bewältigen oder eine gute Entscheidung zu treffen – für all das bedarf es mehr als nur einer Ansammlung von Gehirnzellen. Wir sind uns dessen vielleicht nicht bewusst, doch auch unsere angeborenen Eigenschaften, unsere Erfahrungen und der Einfluss von außen – unser gesamter Geist – fließen mit ein.

Was also ist unser Geist? Einfach ausgedrückt ist er Gehirn und Persönlichkeit. Stärken zu fördern, Schwächen zu erkennen und zu verbessern – das ist unter anderem entscheidend, wenn Sie Ihre geistige Leistungsfähigkeit verbessern möchten. In einem späteren Kapitel gehe ich darauf genauer ein, zunächst möchte ich aber mit einer kurzen Selbstanalyse beginnen. Sie wird Ihnen zeigen, wie Ihr Geist funktioniert.

1 Unterschiedliche Arten von Intelligenz

Als Dr. Howard Gardner, Professor für Erziehungs- und Kognitionswissenschaften an der Harvard University, in den 1980ern seine Theorie der multiplen Intelligenzen veröffentlichte, löste er eine Revolution aus. Bis dahin war Intelligenz fast ausschließlich im Zusammenhang mit dem IQ gesehen worden. Intelligenztests umfassten mathematische und sprachliche Fähigkeiten, Problemlösung wurde nur zur Abrundung gestreift. Die Tests trennten somit Akademiker von Menschen, die von Natur aus praktisch veranlagt waren, und gaben keinen Aufschluss darüber, wie erfolgreich jemand im Leben, in der Liebe oder im Beruf sein würde. Die Definition für Intelligenz war sehr begrenzt. Gardners Theorie ist bemerkenswert einfach und basiert auf gesundem Menschenverstand. Er definierte acht Intelligenztypen, die unten beschrieben sind (Gardners Bezeichnungen stehen in Klammern, sofern sie von meinen abweichen). Die letzten zwei Typen wurden von anderen Wissenschaftlern hinzugefügt. Finden Sie heraus, ob eine der Beschreibungen auf Sie passt.

Sprachlich-linguistische Intelligenz

Sie mögen Wörter, lieben Wortspiele, lesen gerne und haben einen reichen Sprachwortschatz. Wahrscheinlich lernen Sie leicht Sprachen und schreiben gerne. Sie sind ein guter Geschichtenerzähler.

Mathemathische (logisch-mathemathische) Intelligenz

Sie wollen die Beziehung zwischen verschiedenen Dingen verstehen. Sie mögen Zahlen, abstrakte Probleme, Rätsel, Puzzles, Muster, Kategorien und Systeme und erstellen gerne Listen.

Visuelle (bildlich-räumliche) Intelligenz

Farben, Formen und Texturen sind wichtig für Sie. Wahrscheinlich benutzen Sie Bilder, Diagramme und Skizzen, wenn Sie sich Notizen zu etwas machen. Vielleicht sind Sie ein guter Maler oder Bildhauer.

Physische (körperlich-kinästhetische) Intelligenz

Sie lieben Sport und Tanz. Bei einer Party sind Sie bei der ersten Gelegenheit auf der Tanzfläche. Sie krempeln die Ärmel hoch und packen die Dinge an. Dies ist die beste Art für Sie, zu lernen.

Musikalisch-rhythmische Intelligenz

Sie lieben Töne und Rhythmen. Wahrscheinlich haben Sie schon als Kind gerne gesungen oder Musik gehört. Sie erinnern sich sehr gut an Lieder und Melodien. Musik hat großen Einfluss auf Ihre Laune.

Emotionale (intrapersonale) Intelligenz

Auf der ständigen Suche nach Selbstkenntnis gehen Sie in sich. Sie notieren Erfahrungen, Stimmungen und Gedanken in einem Tagebuch. Sie brauchen Zeit zum Nachdenken und Reflektieren. Sie verstehen Ihre Gefühle gut und haben diese fest im Griff.

Soziale (interpersonale) Intelligenz

Sie sind gerne unter Menschen und lernen bereitwillig neue Leute kennen. Partys, Treffen, Mannschaftsspiele und gesellige Aktivitäten gefallen Ihnen. Sie haben großes Mitgefühl für Ihre Mitmenschen.

Umweltbezogene (naturalistische) Intelligenz

Sie sind von der Natur fasziniert und entdecken in ihr Dinge, die anderen verborgen bleiben. Sie sind gerne im Freien und mögen Tiere. Ihre häusliche Umgebung ist Ihnen sehr wichtig.

Spirituelle Intelligenz

Sie befassen sich gerne mit grundlegenden Fragen des Daseins. Sie versuchen nach Ihren Prinzipien zu handeln und hinterfragen übliche Handlungsweisen. Wahrscheinlich vertreten Sie gut durchdachte Grundsätze, für die Sie sich gegebenenfalls auch einsetzen.

Praktische Intelligenz

Sie setzen Dinge gerne in die Praxis um. Sie werden oft gebeten, etwas zu reparieren, zusammenzubauen oder eine Lösung zu finden. Während andere darüber reden, was gemacht werden sollte, tun Sie es.

ÜBUNG: **Fördern Sie alle Talente**

Intelligenz ist veränderbar. Sie werden vielleicht nicht zu Mozart oder Einstein, aber Sie können Ihre Fähigkeiten verbessern. Verwenden Sie die unten stehende Tabelle, um Ihre multiplen Intelligenzen herauszufinden. Stufen Sie sich als hoch, mittel oder niedrig ein. Verwenden Sie dann die dritte Spalte für Möglichkeiten, um Ihre Intelligenz zu fördern (Sie finden hier einige Beispiele).

Intelligenz	Hoch, mittel, niedrig	Ideen zur Förderung der Intelligenz
Sprachlich	*Niedrig*	*Mitglied in einem Literaturklub; Sprachkurs*
Mathemathisch		
Visuell		
Physisch	*Mittel*	*Tanzkurs*
Musisch		
Emotional	*Niedrig*	*Tagebuch schreiben, Meditation*
Sozial		
Naturalistisch	*Mittel*	*Gartengestaltung*
Spirituell		
Praktisch		

2 Ihr Lernstil

Wir lernen nicht nur in der Schule oder auf der Universität, unser ganzes Leben lang müssen wir immer wieder neue Dinge lernen – geistige oder praktische. Und wir alle gebrauchen unseren Geist, um auf unterschiedliche Gegebenheiten zu reagieren.

Vor etwa hundert Jahren schuf der Schweizer Psychologe Carl Gustav Jung seine Typentheorie, die von Katharine Cook Briggs und Isabel Briggs Myers später weiterentwickelt wurde.

Gemeinsamkeiten unterschiedlicher Typen

Sehen Sie sich den Myers-Briggs Typenindikator® (MBTI) auf der folgenden Seite an. Erkennen Sie sich in einem oder mehreren Typen wieder? Oft sehen wir Mitmenschen klarer als uns selbst. Bitten Sie also jemanden, Sie einzustufen, und versuchen Sie, Familienmitglieder oder Arbeitskollegen zu analysieren. Wie gehen diese an Probleme heran, wie lernen sie usw.? Wenden Menschen desselben Typs dieselben Methoden an? Gehen sie die Dinge anders an als Sie? Falls ja, könnten Sie vielleicht ihrem Beispiel folgen. Wir können immer von anderen Menschen desselben Typs lernen, wie man erfolgreich mit Situationen umgeht.

Der Myers-Briggs Typenindikator® (MBTI)

- **Extrovertierte** sind sozial, lieben Interaktion und lassen die Dinge auf sich zukommen. Sie lieben die Abwechslung und sagen gerne ihre Meinung. **Introvertierte** beziehen Energie aus sich selbst, haben wenige, aber tiefe Beziehungen und sprechen erst nach langem Nachdenken. Sie sind gute Zuhörer und behalten ihre Gedanken für sich.
- **Empfindende** sammeln exakt und geordnet Informationen, bleiben realistisch und zielorientiert. Sie halten sich an Fakten und Daten und hinterfragen die Funktionsweise von Dingen. **Intuitive** sammeln Informationen ungeordnet, haben das Gesamtbild vor Augen, verlassen sich auf ihr Gefühl und bleiben für alle Möglichkeiten offen.
- **Denker** analysieren die Lage, bevor sie sich äußern. Sie sind unvoreingenommen, logisch und beständig. Sie müssen sich sicher sein, die richtige Entscheidung zu treffen, und liefern konstruktive Kritik. **Fühlende** lassen sich bei ihren Entscheidungen subjektiv leiten und die Gefühle anderer sind ihnen wichtig. Wenn sie es vermeiden können, verletzen sie andere nicht
- **Urteilende** sind kontrolliert, geplant, vorausschauend und lieben Fristen. Sie erstellen Listen und müssen sicher sein, fertig zu werden. **Wahrnehmende** warten ab, passen sich an, sind flexibel und haben weniger die Beendigung einer Tätigkeit im Blick. Sie beginnen lieber etwas, als es fertigzustellen.

Eine häufig verwendete Alternative zum MBTI® wurde von Peter Honey und Alan Mumford auf Basis der Arbeit von David Kolb geschaffen. Die beiden unterscheiden vier verschiedene Lerntypen:

- **Aktivisten** erfahren die Dinge gerne und probieren alles einmal. Sie leben im Hier und Jetzt und sind schnell gelangweilt.
- **Pragmatiker** arbeiten gerne an realen Themen und bevorzugen den praktischen Nutzen ihrer Arbeit. Sie sind sich bewusst, dass Einschränkungen unumgänglich sind.
- **Nachdenker** nehmen sich gerne Zeit, um zu grübeln und abzuwägen. Sie geben ungern eine spontane Antwort.
- **Theoretiker** berufen sich gerne auf ein bewährtes Konzept oder Modell. Sie arbeiten methodisch und vermeiden zeitlich unbegrenzte Aktivitäten.

Welcher Typ sind Sie? Wenn Sie begreifen, welcher Typ/welche Typen Sie sind, erkennen Sie leichter die beste Methode, sich an neue Situationen geistig anzupassen. Prüfen Sie, ob folgende Aussagen auf Ihre instinktive Reaktion zutreffen:

„Ich probiere alles einmal aus." (Aktivist)
„Es muss einen besseren Weg geben." (Pragmatiker)
„Ich muss noch einmal darüber nachdenken." (Nachdenker)
„Aber wie passt das zu ...?" (Theoretiker)

ÜBUNG: Verbessern Sie Ihren Lernstil

Die Beantwortung der folgenden Fragen wird Ihnen dabei helfen, herauszufinden, welcher Lerntyp Sie sind:

Lernsituationen	Mein Vorschlag
Wo lernen Sie gerne? Zu Hause? Im Büro? In Bus/U-Bahn? In der Bibliothek? Im Museum? In einer Bildungsanstalt oder einer gesellschaftlichen Einrichtung?	Lernen Sie zunächst an Plätzen, an denen Sie sich wohl fühlen. Probieren Sie dann Neues – ein Ortswechsel eröffnet oft neue Perspektiven.
Wo lernen Sie am besten? Ist es leise/laut? Mit/ohne Musik? In einem bequemen Stuhl/an einem Tisch?	Erobern Sie Ihre persönliche Umgebung und lassen Sie sich nicht von anderen abhalten.
Wann lernen Sie am liebsten?	Wählen Sie Ihre besten Lernzeiten für wichtige Kopfarbeiten!
Wie lernen Sie am liebsten? Ausprobieren? Bücher lesen? Andere beobachten? Recherche? Tagebuch schreiben? Zuhören/mit anderen sprechen? Rollenspiele? Am Computer? Theoretisch oder praktisch?	Wählen Sie für schwierige Aufgaben eine Methode, die sich bereits bewährt hat. Probieren Sie dann andere Vorgehensweisen. Ihr Lernprozess verbessert sich, wenn Sie mit neuen Methoden experimentieren.

3 Wie Sie lernen

Beim Lernen empfängt Ihr Gehirn über die Sinne Unmengen an Daten, die von 100 Milliarden Nervenzellen verarbeitet werden. Treten Nervenzellen (Neuronen) miteinander in Kontakt, kommt es zu elektrischem und chemischem Austausch, und der Ansatz einer Erinnerung wird gespeichert.

Aber wie funktioniert dies in der Praxis? Ein nützliches Modell, das auf W.C. Howell zurückgeführt wird, beschreibt den Lernprozess als Übergang von unbewusster Inkompetenz zu unbewusster Kompetenz. Autofahren ist ein gutes Beispiel: Zunächst wissen Sie überhaupt nicht, wie man fährt. Dann möchten Sie es tun, wissen aber nicht wie. Zu Beginn des Lernprozesses müssen Sie sich auf jede einzelne Handlung konzentrieren und Hilfsmittel wie „Spiegel, Blinken, Manöver" anwenden. Eines Tages werden Sie dann in einen anderen Gang schalten, ohne es überhaupt bemerkt zu haben.

Jede Art des Lernens beinhaltet unweigerlich die Konfrontation mit dem Unbekannten. Das kann beängstigend sein, da Sie fremdes Terrain betreten. Das Gute dabei ist, dass wir am besten lernen, wenn wir aus uns herausgehen müssen. Und es gibt keinen Grund, in Panik auszubrechen! In diesem Buch zeige ich Ihnen, wie Sie sich den Ängsten, die das Lernen mit sich bringt, stellen und sie überwinden.

ÜBUNG: **Den Lernablauf erkennen**

Lernen beinhaltet drei Dinge: das Ziel, das Sie erreichen möchten, die Strategien und die Reflexion. Denken Sie an etwas, das Sie vor Kurzem erreicht haben. Es kann geistiger Art sein (Beherrschung eines neuen Verbs in einer Fremdsprache), körperlicher Art (Verbesserung Ihres Tennisaufschlags) oder praktischer Natur (korrektes Zurückschneiden eines Apfelbaumes). Wie sind Sie vorgegangen? Wie passt Ihre Vorgehensweise in oben beschriebenes Muster? Beantworten Sie folgende Fragen:

1 Was war Ihr Ziel?
2 Welche Strategien funktionierten? (Wiederholung? Kurse oder Coaching? Es allein oder gemeinsam mit anderen ausarbeiten?)
3 Was haben Sie dabei festgestellt? (Welche Methoden funktionierten nicht? Möchten Sie das Gelernte vertiefen? Gewannen Sie an Selbstvertrauen?)

Halten Sie die Erfahrungen, die Sie während des Lernprozesses gemacht haben, fest (Liste/Plan/Diktiergerät). Diese Notizen/Aufnahmen können bei zukünftigen Situationen hilfreich sein.

➤➤ Schritt 1: Unterschiedliche Arten von Intelligenz; Schritt 4: Die Sinne benutzen; Schritt 10: Untergangs-Szenarien; Schritt 16: Bilanz ziehen; Schritt 17: Fehler sind gut; Schritt 27: Praktisches Wissen und Wissenstransfer

4 Die Sinne benutzen

Wie viele Sinne haben Sie? Die übliche Antwort lautet fünf, obwohl einige Leute denken, Intuition sollte als sechster Sinn gezählt werden.

Sinne sind die Antennen unseres Gehirns. Sie vermitteln uns Daten, die verarbeitet und gegebenenfalls gespeichert werden. Heutzutage sind Sehen und Hören wohl die wichtigsten Sinne. Doch auch die anderen drei sind wichtig. Berühren, Schmecken sowie Riechen lösen Gefühle aus (was wiederum unsere geistige Leistungsfähigkeit beeinflusst) und aktivieren die Erinnerung. Der intensive Geruch von Politur kann einen zum Beispiel in die Schulzeit zurückversetzen oder man genießt ein Gericht und denkt sofort an den Urlaub, in dem man es zum ersten Mal gegessen hat.

Selbst wenn Augen und Ohren die vorherrschenden Sinnesorgane sind, verwenden wir wahrscheinlich zwei oder mehrere Sinne, um Informationen aufzunehmen. Die Kreation eines neuen Kochrezepts etwa basiert auf der engen Verbindung von Geruchs- und Geschmackssinn. Beim Spiel mit Ihren Kindern setzen Sie wahrscheinlich alle Sinne auf einmal ein, um Ihre Lieben gut zu unterhalten und geistig zu fördern.

➤➤ Schritt 22: Visualisierung; Schritt 23: Die Intuition nutzen; Schritt 29: Erinnerungen verankern; Schritt 33: Gefühle zählen

Die Vorliebe für einen Sinn wird häufig fälschlicherweise als Lernstil bezeichnet. Dies würde bedeuten, dass Empfindungen unveränderlich sind, was nicht stimmt. Beim Heranwachsen entwickeln wir bestimmte Neigungen und setzen einen Sinn stärker als den anderen ein. Hören Sie z. B. die Nachrichten lieber im Radio oder bevorzugen Sie es, Zeitung zu lesen?

Wissenschaftler sind jedenfalls der Meinung, dass wir unser Gedächtnis verbessern, wenn wir mehr als nur einen Sinn aktivieren. Verbinden Sie deshalb alte Vorlieben mit neuen Sinneserfahrungen.

ÜBUNG: **Sinneserfahrungen fördern**

Denken Sie an bestimmte Aktivitäten. Welche Sinne benutzen Sie dabei? Wie könnten Sie Ihre restlichen Sinne mit einbeziehen? Hier einige Beispiele zur Veranschaulichung.

Aktivität	**Benutzter Sinn**	**Anregung zur Förderung anderer Sinne**
Lesen	*Sehen*	*Hörbücher, um Ihr Aufnahmevermögen über das Gehör zu verbessern*
Beruhigungs-übung	*Riechen (Aroma-therapie: Kerzen/Öl)*	*Berühren (Anti-Stress-Bälle, Betperlen)*
Kreuz-worträtsel	*Sehen*	*Hören (lautes Aussprechen von Wörtern kann andere Bedeutungen oder Betonungen deutlich machen)*

5 Geistig und körperlich gesund bleiben

Alle Vorschläge in diesem Buch zur Verbesserung Ihres Denkens werden nur dann funktionieren, wenn auch Ihr Körper gut behandelt wird. Achten Sie auf gesunde Ernährung, ausreichende Flüssigkeitszufuhr, genügend Schlaf und körperliche Betätigung.

Neben Ihrem körperlichen Zustand ist auch Ihr allgemeines Wohlbefinden wichtig. Ist Ihnen warm? Fühlen Sie sich sicher? Sind Sie mit sich selbst zufrieden? Falls nicht, wird es auch Ihrem Geist schwer fallen, richtig zu arbeiten. Verwenden Sie folgende Liste, um Ihren Allgemeinzustand herauszufinden, und prüfen Sie, wie Sie diesen verbessern können.

CHECKLISTE: **Gesundheit**	Selten	Manchmal	Sehr oft
Ihr Körper			
Treiben Sie Sport? *Bewegen Sie sich täglich (Spazierengehen gilt auch).* *Trainieren Sie ein bis zwei Mal die Woche intensiver.*			
Nehmen Sie mit Ihrer Nahrung genügend Antioxidantien und essentielle ungesättigte Fettsäuren zu sich? *Essen Sie mehr buntes Obst und Gemüse, fettreichen Fisch, Nüsse und Samen.*			

	Selten	Manchmal	Sehr oft
Trinken Sie ausreichend Wasser, mindestens 1 Liter pro Tag? Trinken Sie mehr als 1 Tasse Kaffee pro Tag und/oder viel Tee oder zuckerhaltige Getränke? *Trinken Sie 6 bis 8 Gläser Wasser pro Tag. Tee/Kaffee wirkt entwässernd. Sie brauchen deshalb mehr Flüssigkeit. Zu viel Zucker kann die Gesundheit beeinträchtigen.*			
Fühlen Sie sich beim Aufwachen ausgeruht? *Gehen Sie eine Stunde früher als sonst zu Bett.*			
Ihr Geist			
Finden Sie das Leben spannend? *s. Schritt 20: Gute Fragen stellen.*			
Trauen Sie Ihrem Gedächtnis? *s. Kapitel 5: Gedächtnis verbessern.*			
Fühlen Sie sich insgesamt wohl? *s. Kapitel 2, 6 und Schritt 48: Guter und schlechter Stress.*			
Setzen Sie sich klare Ziele? *s. Schritt 51: Ziele setzen.*			
Hängen Sie an Dingen? *s. Schritt 13: In Bewegung bleiben.*			
Beeinträchtigen Sorgen Ihre Konzentrationsfähigkeit? *s. Schritt 8: Widerstände überwinden, Schritt 12: Konzentration.*			

KAPITEL 2

Die geistige Haltung

Die geistige Haltung ist wichtig. Um Ihren Geist effizient nutzen zu können, müssen Sie zunächst in der richtigen geistigen Verfassung sein. Denken Sie etwa daran, wie es ist, wenn man gerade unter Druck steht und versucht, eine Straßenkarte zu lesen, oder sich auf genaue Anweisungen konzentrieren will. Wenn man dabei gegen negative Gefühle ankämpfen muss, ist das schwierig.

Im diesem Kapitel erfahren Sie, wie man seine Gefühle in den Griff bekommt, um zielgerichtet und effizient zu handeln. Wenn Sie Ihre Geisteshaltung ändern, können Sie mit den täglichen Herausforderungen des Lebens besser umgehen. Sie werden feststellen, dass Ihr Geist im Zustand entspannter Wachsamkeit am besten arbeitet, und Sie werden Techniken lernen, dies zu erreichen. Entwickeln Sie eine zuversichtlichere Einstellung, damit sich Ihre Geisteskraft voll entfalten kann. Legen Sie auch alte Verhaltensmuster ab, die womöglich Ihre Lernfähigkeit beeinträchtigen.

Am Ende dieses Kapitels werde ich Ihnen mein einzigartiges Lernmodell vorstellen – und los geht´s!

6 Entspannte Wachsamkeit

Um das Beste aus Ihrem Geist herauszuholen, müssen Sie gleichzeitig entspannt und wachsam sein. Der bulgarische Psychiater und Psychotherapeut Dr. Georgi Lozanow war der Erste, der dies in den 1960ern erkannte. Er stellte die Theorie auf, man müsse einerseits wachsam sein, um sein Gehirn in Gang zu setzen, andererseits aber auch entspannt – nicht zu angestrengt –, um aufnahmefähig zu sein. Kurz, Sie müssen fähig sein, Ihre Aufmerksamkeit zu steuern.

Legen Sie flotte Musik auf, vertreten Sie sich bei einem raschen Spaziergang die Beine oder unterbrechen Sie Ihre derzeitige Tätigkeit, sobald Sie sich abgespannt fühlen. Halten Sie sich an folgende einfache Regel: Pausieren Sie jede Stunde einige Minuten, jeden Tag zwanzig Minuten, jede Woche einige Stunden, jeden Monat mindesten zwei Tage und jedes Jahr mindestens zwei Wochen.

Wahrscheinlich werden Sie in unserer hektischen Welt etwas mehr Mühe aufbringen müssen, um sich zu entspannen. Es gibt zwei Arten von Entspannung: die physische, bei der der Körper entspannt wird; und die geistige – hierbei werden Techniken angewendet, die den Geist beruhigen. Die folgende Übung soll Ihnen bei beidem helfen.

➤➤Schritt 12: Konzentration

ÜBUNG 1: **Den Körper entspannen**

Bei dieser Übung sollen Verspannungen in Nacken, Rücken und größeren Muskelpartien gelöst werden.

Setzen Sie sich an einem ruhigen Ort in einen bequemen Stuhl. Die Hände ruhen im Schoß. Schließen Sie die Augen. Atmen Sie drei Mal tief ein. Reisen Sie gedanklich durch alle Teile Ihres Körpers – ausgehend von den Füßen, über die Waden, Knie usw. bis zu Ihrem Hals. Dann bis zu den Fingern und zurück zum Kopf. Schließlich wieder zurück zu den Füßen. Machen Sie sich jedes Körperteil bewusst und versuchen Sie, es zu entspannen und zu lockern. Öffnen Sie langsam die Augen, wenn Sie fertig sind.

ÜBUNG 2: **Den Geist beruhigen**

Eine tägliche zehnminütige Meditation wirkt auf den Geist entspannend. Versuchen Sie, diese Übung regelmäßig durchzuführen.
Sitzen Sie bequem, mit geradem Rücken – entweder im Lotossitz auf einem Kissen oder auf einem Stuhl mit harter Lehne. Sie können eine brennende Kerze oder einen vertrauten Gegenstand vor sich stellen, um Ihre Konzentration zu fokussieren. Die Hände liegen locker im Schoß. Wippen Sie drei Mal leicht zu jeder Seite, bleiben Sie dann ruhig. Lassen Sie Ihre Gedanken fließen. Konzentrieren Sie sich nicht auf sie. Fragen Sie nicht nach dem „Warum“. Verharren Sie still und beobachten Sie, wie Ihre Gedanken kommen und gehen.

7 Optimismus

Denken Sie: „Das Glas ist halb voll“ oder eher „Es ist halb leer“? Haben Sie die positiven Seiten einer Situation im Blick oder befürchten Sie, was alles schief gehen könnte? Ein einfacher Test: Vergeben Sie Prozentpunkte für die Wahrscheinlichkeit, dass sich folgende Dinge im nächsten Jahr in Ihrem Leben ereignen werden. Vermeiden Sie es, 0 Prozent zu vergeben:

1. Jemand sagt Ihnen, wie sehr er Sie mag.
2. Sie werden für eine gute Idee gelobt.
3. Sie erhalten ein Kompliment über Ihr gutes Aussehen.
4. Sie werden befördert.
5. Sie gewinnen etwas.
6. Sie treffen einen besonderen Menschen.
7. Sie genießen Ihren nächsten Urlaub.
8. Sie kochen so, dass es allen schmeckt.
9. Sie finden sich mühelos in einer fremden Stadt zurecht.
10. Sie kaufen ein Geschenk, das sehr gut ankommt.

Addieren Sie die Prozente und dividieren Sie die Summe durch 10.

0–40 Sie sind offenbar ein Pessimist

41–59 Sie sind irgendwo dazwischen. Fragen Sie einen Freund!

60–100 Sie sind offenbar ein Optimist

Ausschlaggebend ist nicht nur die ermittelte Punkteanzahl, sondern auch, ob Sie selbst *glauben*, Optimist oder Pessimist zu sein. Denken Sie, das ist wichtig? (Es ist so!)

Wissenschaftler nehmen an, dass Optimisten erfolgreicher sind, länger leben und ihre Neigungen besser ausleben. Eine von der Mayo-Klinik in den USA über 30 Jahre lang durchgeführte Studie zeigte, dass Optimisten um 10 % länger leben als Pessimisten. Natürlich machen Optimisten häufiger Fehler, doch das gehört eben zum Lernprozess. Was noch wichtiger ist: Optimisten geben weniger schnell auf. Eine positive Geisteshaltung steigert Ihre intellektuellen Fähigkeiten. Sehen wir uns das etwas genauer an.

Pessimisten:	**Optimisten:**
Geben schnell auf	Sind flexibler
Sind frustriert, wenn etwas schief geht	Konzentrieren sich auf die Lösung des Problems
Deprimieren andere	Sind entspannter und zuversichtlicher
Entziehen anderen Energie	Inspirieren andere zu Höchstleistungen

In seinem Buch *Pessimisten küsst man nicht. Optimismus kann man lernen* behauptet Dr. Martin Seligman, dass unsere Haltung von der Art, etwas zu erleben, abhängt. Er spricht von drei „S“: Stabilität, Schwarzmalerei und Selbstbezogenheit.

Stabilität: Nach einer schlechten Erfahrung sagt der Pessimist: „Es wird nie besser." Zustände dauern aber nicht ewig, auch wenn es manchmal so aussehen mag. Vermeiden Sie Wörter wie „immer" oder „nie". Ein Optimist sagt „Es ist nur ein momentaner Rückschlag, morgen ist ein neuer Tag." Versuchen Sie, negative Ereignisse als vorübergehend einzustufen.

Schwarzmalerei: Ein Missgeschick beeinflusst das gesamte Leben eines Pessimisten. Er verpasst zum Beispiel seinen Zug und klagt im nächsten Augenblick, er würde stets Züge versäumen. Pauschalurteile sind schnell ausgesprochen! Ein Optimist empfindet ein Missgeschick als Ausnahmeerscheinung. Vermeiden Sie, die Dinge negativ zu verallgemeinern.

Selbstbezogenheit: Wenn etwas schief geht, geben sich Pessimisten meist selbst die Schuld, verfallen in Depressionen, fühlen sich als Opfer und glauben, von Pech und Misserfolg verfolgt zu sein. Der Optimist stellt sich der Situation und denkt: „Wie komme ich da wieder raus?" Hören Sie auf, sich selbst zu beschuldigen und üben Sie sich darin, alle möglichen Ursachen für ein Missgeschick zu durchleuchten.

Dieser Ansatz erklärt, warum Menschen, die offensichtlich über die gleichen Fähigkeiten verfügen, mit einer Situation sehr unterschiedlich umgehen. Man kann aber lernen, sich eine andere Geisteshaltung zuzulegen und die Welt optimistischer zu sehen.

TECHNIK: Eine positive Denkweise entwickeln

Je besser Sie sich selbst kennen, umso eher können Sie sich mit Ihrer aktuellen Lebenseinstellung auseinandersetzen und desto positiver wird Ihr Denken. Welches Ereignis in Ihrem Leben haben Sie kürzlich als entmutigend empfunden oder was ging schief? Wie erklärten Sie das Geschehen? War es typisch für Ihre Sichtweise auf die Welt? Sollte Ihre Erklärung vorrangig pessimistisch sein, versuchen Sie, sie zu überdenken. Wenden Sie die Vorschläge auf den Seiten 31–32 an, um Positives hervorzuheben und alternative Erklärungen zu finden. Probieren Sie einmal Folgendes:

- Entwickeln Sie mehr Selbstvertrauen: Anstatt „Ich kann einfach nicht kochen – niemand wird mein Essen mögen“ sagen Sie: „Natürlich kann ich kochen.“
- Überdenken Sie die Lage: Das nächste Mal, wenn etwas schief geht, sollten Sie nicht pessimistisch werden, sondern sich eingehend mit Ihrer Sichtweise beschäftigen. Nehmen Sie Ihre Entschuldigungen nicht an, sondern stellen Sie sie in Frage. Denken Sie daran, dass es ein einmaliges und zeitlich begrenztes Erlebnis war und dass Sie nicht schuld sind.
- Entwickeln Sie Alternativen: Es ist leicht, in alte Verhaltensmuster zu fallen. Sie können Ihr Denken aber ändern. Sollten Sie zunächst nur eine Erklärung oder ein mögliches Ablaufmuster parat haben, überlegen Sie, ob es nicht noch weitere Alternativen gibt.

➤➤ Schritt 17: Fehler sind gut; Schritt 24: Was, wenn?; Schritt 35: Verhalten ändern; Schritt 36: Geschehenes hinter sich lassen

8 Widerstände überwinden

Je mehr wir über die Funktion des Gehirns erfahren, desto bewusster wird uns, dass Fühlen und Denken eng miteinander verknüpft sind. Ob wir nun ein neues Kleidungsstück aussuchen oder uns für ein Treffen mit einer bestimmten Person entscheiden, stets spielen Gefühle eine Rolle. Denn Wahrnehmung ist selektiv. Wenn man zum Beispiel verärgert ist, können einen selbst Kleinigkeiten aus dem Gleichgewicht bringen. Ist man verunsichert, kann einen ein unbekanntes Geräusch in Angst versetzen. Ist man sehr glücklich, rufen selbst alberne Nichtigkeiten ein Lächeln hervor.

„Wir sind die Bilder, die wir von uns selbst machen. Man wandelt sich. Wehe, wenn das Bild fixiert ist."

LUIGI PIRANDELLO (1867–1936)

Negative Gefühle beeinträchtigen die Lernfähigkeit. Sie führen zum Verlust von Selbstvertrauen und Konzentration, erschweren die Bewältigung komplexer Aufgaben und verursachen Versagensängste.

Emotionale Widerstände lassen sich in drei Kategorien unterteilen: kulturelle, z.B. Gruppenzwang, starke Traditionen und Unsicherheiten wegen Alter oder Geschlecht. Strukturelle Widerstände entstehen durch Zeit- oder Geldmangel, persönliche werden durch negative Gefühle wie fehlendes Selbstvertrauen oder Antriebslosigkeit ausgelöst.

ÜBUNG: **Problemlösung**

Stellen Sie sich vor, Sie wären ein Computer mit einem vorübergehenden Problem und Sie würden einfach unter der Rubrik „Problembehebung“ Ihres Handbuchs nachschlagen. Verwenden Sie die folgende Tabelle, um Ihre Probleme zu lösen. Wenn Sie die emotionalen Ursachen für Ihr Problem gefunden haben, wird es Ihnen leichter fallen, praktische Lösungen zu finden.

Problem	Ursachen	Lösungen
Ich bin nervös, wenn ich vor Menschen sprechen muss	Mangelnde Übung, Versagensängste	Beruhigungsübungen (s. Seite 29) Andere beobachten und üben
Ich lerne schwer	Geringes Selbstwertgefühl, negative Erfahrungen/Assoziation mit Lernen	Andere Methoden testen Aufgaben besser einteilen (s. Schritt 19)
Ich entwickle mich nicht weiter	Pessimistische Grundhaltung, mangelnde Erfahrung	Optimismus (s. Schritt 7) und Ausdauer (s. Schritt 13) fördern
Bei Streitereien unterliege ich immer	Mangelndes Selbstvertrauen und geradliniges Denken	Am Verhandlungsgeschick arbeiten (s. Schritte 40, 44, 45 und 47)
Ich habe zu wenig Zeit	Ausgelastetes Leben, viele Verpflichtungen	Prioritäten setzen Terminpläne erstellen und genau einhalten

9 Einstellungen anpassen

In diesem Kapitel haben wir uns mit der Bedeutung der Geisteshaltung auseinandergesetzt und gelernt, wie wichtig eine optimistische Einstellung und das Überwinden von emotionalen Widerständen für das Lernen und für die gesamte Weiterentwicklung sind. Aber welche Einstellungen könnten Ihre Entwicklung beeiträchtigen?

Es gibt eine Reihe von negativen Einstellungen, die Sie daran hindern können, Ihren Geist effizient und kreativ zu nutzen. Außerdem machen Sie damit Ihrem persönlichen Umfeld unnötig das Leben schwer. Am häufigsten sind Verleugnung (die Verantwortung für das eigene Verhalten abwälzen), Schuldzuweisung (Fehler eher beim anderen als bei sich selbst suchen) und Kritik (andere zu rasch auf deren Fehler hinweisen).

Dieses Verhalten erzeugt ein feindliche Atmosphäre. Arbeiten Sie lieber an einer positiveren Einstellung, achten Sie auf Teamgeist und gegenseitige Unterstützung. Das wird Ihre geistige Fähigkeiten flexibel halten und steigern. Das ist leicht gesagt, häufig aber schwer umzusetzen.

Dennoch ist es möglich, denn Sie können sich ändern. Gewohnheiten, die man sich angeeignet hat, kann man auch wieder ablegen. Erkennen Sie Ihre Schwächen, arbeiten Sie daran und stärken Sie dadurch Ihre Geisteskraft.

ÜBUNG: **Positive Gewohnheiten entwickeln**

Diese Übung hilft Ihnen, positive Angewohnheiten zu entwickeln, negative zu erkennen und zu ändern.

1 Erstellen Sie eine Tabelle mit zwei Spalten: eine für positive Angewohnheiten, eine für negative. Schreiben Sie in die erste Spalte all jene Angewohnheiten, die Sie weiterentwickeln möchten, weil sie positiv sind. Schreiben Sie jene, die Sie ändern möchten, in die zweite Spalte.

2 Erstellen Sie eine zweite Tabelle für Ideen, wie Sie Ihre negativen in positive Angewohnheiten umwandeln könnten. Sind Sie z. B. wissbegierig, machen Sie es sich zur Regel, vertiefende Fragen zu stellen, um Denkanstöße zu erhalten. Kritisieren Sie andere zu schnell, sollten Sie an Ihrem Mitgefühl arbeiten und Ihre Einstellung zum Thema „Feedback geben und erhalten" überdenken.

3 Denken Sie dabei immer zuerst an das Positive. Sollten auf Ihrer Liste mit schlechten Angewohnheiten mehrere Punkte stehen, nehmen Sie sich zunächst nur einen vor!

➤➤ Schritt 20: Gute Fragen stellen; Schritt 35: Verhalten ändern; Schritt 41: Feedback geben und erhalten; Schritt 43: Sich in die Lage des anderen versetzen

10 Untergangs-Szenarien

Wenn sich etwas Negatives ereignet, kann uns das wie der Anfang vom Ende vorkommen. Denken Sie in solchen Situationen immer an zwei Dinge: Erstens, jemand, der seine geistigen Kapazitäten voll ausschöpft, wird unweigerlich Fehler machen; und zweitens sind die Dinge oft nicht so schlimm, wie sie auf den ersten Blick erscheinen.

Der russische Psychologe Lew Vygotsky beschrieb in den 1920ern und 1930ern als Erster die einfache, aber wirkungsvolle Theorie über die „Zone proximaler Entwicklung“. Diese Zone ist die Verbindung zwischen dem Bekannten und Unbekannten. Menschen, die Ihren Geist trainieren, bewegen sich stets von der bekannten in die unbekannte Zone. Natürlich ist es eine Herausforderung, den sicheren Bereich zu verlassen, und es kommt zwangsläufig zu Irrtümern. Aber das Zulassen von Fehlern und die daraus resultierende Erfahrung sind grundlegende Bausteine geistigen Wachstums.

Es kann immer etwas schief gehen, wenn Sie - bewusst oder unbewusst - ein schwieriges Problem lösen möchten. In solchen Phasen ist Ihre Geisteshaltung sehr wichtig. Gelingt es Ihnen, gleichzeitig positiv zu denken und sich der Schwierigkeiten bewusst zu sein – umso besser.

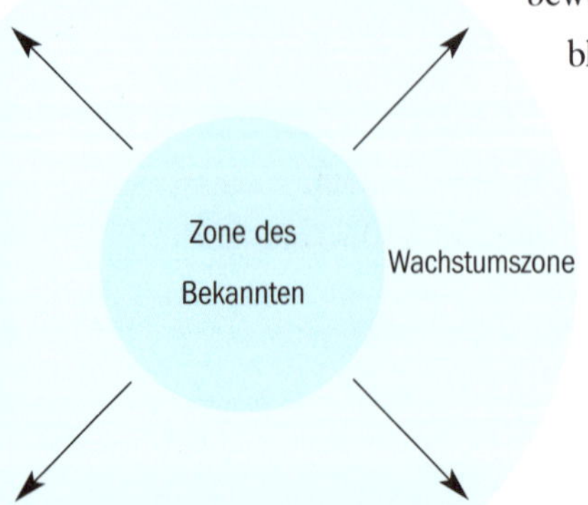

ÜBUNG: **Alles halb so schlimm**

Diese Übung benutzt eine Methode der Verhaltenstherapie und der neuro-linguistischen Programmierung. Zunächst wird man sich des Problems bewusst, dann betrachtet man es von unterschiedlichen Standpunkten.

1 Denken Sie an etwas, das Sie derzeit unglücklich macht, an ein potenzielles Problem oder an ein erdachtes Negativ-Szenario.

2 Definieren Sie exakt die Problemstellung.

3 Wie schwerwiegend das Problem auch sein mag, stellen Sie sich vor, wie es noch schlimmer sein könnte. Sollten Sie sich von Ihrem Partner getrennt haben, denken Sie daran, was wäre, wenn Sie auch Ihre Arbeit verloren hätten, schwer krank geworden wären oder weder Freunde noch Familie hätten, um sich anzuvertrauen. Strengen Sie Ihren Geist an. Wie schmerzhaft oder schwierig dies auch sein mag, wahrscheinlich sehen Sie anschließend den größeren Zusammenhang Ihrer momentanen Situation.

4 Sehen Sie die Dinge von unterschiedlichen Standpunkten: Versetzen Sie sich in jemanden, der an der Situation beteiligt ist, und dann in einen Außenstehenden. Wie könnte die Situation für diese beiden Personen weniger unerträglich und ausweglos erscheinen?

5 Überdenken Sie das Resultat Ihrer Überlegungen. Sieht das Problem jetzt nicht mehr so schwerwiegend aus?

➤➤ Schritt 7: Optimismus; Schritt 17: Fehler sind gut; Schritt 36: Geschehenes hinter sich lassen

11 Achtung, fertig, los!

Dieses von mir entwickelte Modell betrachtet Lernen als dreistufigen Prozess, wobei es Überlappungen gibt.

Achtung

Bevor Sie Ihre geistige Leistungsfähigkeit steigern können, müssen Sie die emotionale Basis dafür schaffen. Sie müssen sich wohl fühlen und Selbstvertrauen haben (s. Schritt 7 und 8). Das ist aber noch nicht alles. Haben Sie schon einmal etwas begonnen und innerhalb weniger Wochen wieder aufgegeben? Vielleicht mussten Sie sich mehr als erwartet anstrengen. Vielleicht waren Sie entmutigt, weil Sie glaubten, versagt zu haben. Meist geben wir auf, weil uns die Motivation fehlt. Die Ursache dafür ist in der Regel Versagensangst.

Ein gutes Beispiel ist der Führerschein. Wenn Sie bereits mehrmals durch die Prüfung gefallen sind, haben Sie wahrscheinlich keine Lust mehr, zu üben. Sie müssen das große Ganze im Blickfeld haben. Denken Sie immer an die Befriedigung über die bestandene Prüfung und die Möglichkeiten, die sich Ihnen danach eröffnen werden.

Sie müssen Ihre eigenen Stimmungen erkunden. Machen Sie sich klar, dass Sie zunächst negative Gefühle wie Stress, Wut oder Abwehr ablegen müssen, bevor Sie etwas Neues beginnen können. Nur so schöpfen Sie Ihre geistigen Kapazitäten voll aus.

Fertig

Anschließend müssen Sie einige Strategien parat haben. Jeder lernt auf seine eigene Art und Weise. Zudem erfordern unterschiedliche Aufgaben verschiedene Methoden.

Sie haben bereits einige Ihrer Vorlieben und Neigungen kennen gelernt. Konnten Sie sich in Schritt 1 mit einem bestimmten Intelligenztypus identifizieren? Falls ja, wird Ihnen dies helfen, erfolgreiche Strategien zu entwickeln. Sind Sie ein visueller Typ, helfen Ihnen vielleicht Diagramme oder Bilder beim Lernen. Die in Schritt 2 vorgestellten Lernstile sollten Ihnen helfen, herauszufinden, wie Sie Informationen aufnehmen, an neue Dinge herangehen oder Entscheidungen treffen.

Rufen Sie sich die Einteilung von Honey und Mumford (Seite 18–19) ins Gedächtnis. Welche beschreibt Sie am besten? Wählen Sie eine Methode, die Ihnen zusagt, wenn Sie schwierige Aufgaben in Angriff nehmen wollen.

Ein Aktivist neigt zu:	Ein Pragmatiker neigt zu:
Spielen • Rollenspielen • Jobwechseln • Versuchen und Irrtümern	Informellem Lernen • Netzwerken Learning by doing • Recherche im Web
Ein Nachdenker neigt zu:	**Ein Theoretiker neigt zu:**
Coaching • Tagebuch führen Gruppengesprächen • Hinterfragen	Anweisungen • Kursen Lesen • Hand- und Lehrbüchern

Nehmen wir an, Sie suchen einen neuen Job und bereiten sich auf das Vorstellungsgespräch vor. Ein Aktivist wählt wahrscheinlich einen Freund für ein Rollenspiel. So können beide Beteiligten üben, Fragen zu stellen und diese zu beantworten. Ein Theoretiker liest wahrscheinlich viel über das Thema und macht sich Notizen über unterschiedliche Arten von Vorstellungsgesprächen.

Los

Wie oft waren Sie einfach zu beschäftigt, um Bilanz zu ziehen, was Sie aus einer speziellen Situation gelernt haben? Ein Abgabetermin ist in Sicht, Sie müssen die Kinder abholen, Sie haben einen wichtigen Termin. Wir finden immer tausend Gründe, warum wir uns keine Zeit zur Reflexion zu nehmen. In vielerlei Hinsicht ist dies aber der wichtigste Teil des Lernens. Unser aller Aufgabe ist es, die Lektionen, die uns das Leben erteilt, bewusst zu lernen.

Menschen, die ihre geistigen Kapazitäten voll ausschöpfen, nehmen sich die Zeit dafür. Sie überlegen, wie Sie etwas getan haben, was gut funktioniert hat und wieder eingesetzt werden kann.Um Ihrem Gehirn eine solche Vorgehensweise anzutrainieren, gewöhnen Sie sich Fragen an wie: „Was funktionierte gut?“ oder „Was hätte ich besser machen können?“ Nehmen Sie sich vor jedem Treffen, Projekt oder Ausflug mit der Familie einige Minuten Zeit, um festzustellen, was Sie seit dem letzten Mal dazugelernt haben.

CHECKLISTE: Anleitung für Achtung, fertig, los!

Nutzen Sie diese Anleitung in naher Zukunft für zu Hause (geduldiger mit den Kindern sein), für den Beruf (ein Meeting effizient leiten) oder ganz privat (Zeichnen lernen).

Achtung:	**Fertig**	**Los:**
Bereiten Sie sich mental vor und motivieren Sie sich. Halten Sie einen Plan parat, um weiterzumachen, falls die Motivation nachlässt.	Welche Methode ist für Sie und die Aufgabe am besten geeignet?	Beobachten Sie Ihren Fortschritt. Wann benötigen Sie welche Art von Hilfe?
➤➤ Schritt 1: Unterschiedliche Arten von Intelligenz; Schritt 2: Ihr Lernstil; Schritt 7: Optimismus; Schritt 8: Widerstände überwinden; Schritt 13: Ausdauer	➤➤ Kapitel 4: Nützliche Techniken; Schritt 29: Erinnerungen verankern; Schritt 39: Aufmerksames Zuhören	➤➤ Schritt 16: Bilanz ziehen; Schritt 17: Fehler sind gut; Schritt 41: Feedback geben und erhalten

KAPITEL 3

Hilfreiche Techniken

Wahrscheinlich sind Sie mittlerweile ganz begierig darauf, Ihre geistige Leistungsfähigkeit zu steigern. Sie wissen in etwa, wie Ihr Geist funktioniert, welcher Lernstil Ihnen liegt und welche Geisteshaltung Sie einnehmen sollten. Doch nun sollten Sie sich geeignete Techniken bewusst machen, die Ihnen dabei helfen, sonst wird Ihr Traum vielleicht nur ein Traum bleiben.

Der amerikanische Schriftsteller Mark Twain hat vielleicht Recht gehabt, als er sagte: „Tue jeden Tag etwas, was du nicht gerne tust. So gewöhnst du dir an, deinen Pflichten mit Leichtigkeit nachzukommen." Pflicht oder nicht, in jedem Fall sollten Sie bewusst Dinge ausprobieren und so lange üben, bis Sie sie verinnerlicht haben. Nur so können Sie Ihre geistigen Fähigkeiten steigern.

Im folgenden Kapitel erfahren Sie etwas über unentbehrliche Techniken: Wie man sich konzentriert, wann man beharrlich und wann man nachgiebig sein sollte, warum Reflexion und Fehler wichtig sind, und dass es manchmal klüger ist, geduldig und abwartend zu sein.

12 Konzentration

Neben entspannter Wachsamkeit und hoher Motivation ist die Fähigkeit zur Konzentration ausschlaggebend, wenn Sie Ihre geistigen Kapazitäten ausschöpfen wollen. Laut dem Kreativitätsforscher Guy Claxton ist unser Geist „ungezügelt“: Er verfügt über einen eigenen Willen! Er findet alles, was um uns herum passiert, derart spannend und schafft so mühelos logische Zusammenhänge – und dabei greift er oft auf unserer tiefsten Gedanken zurück –, dass es schwierig ist, ihn dazu zu bringen, sich voll auf eine Sache zu konzentrieren.

Konzentration erfolgt in zwei Schritten: Zunächst müssen Ablenkungen und Störungen ausgeschlossen werden. Das erfordert Disziplin und Zeitmanagement. Die meisten Menschen sind frühmorgens entspannter und aufnahmefähiger. Trifft dies auch auf Sie zu, nutzen Sie diese Zeit für Kopfarbeiten. Der Gedanke an die zweite Tasse Kaffee kann hierbei bereits störend wirken. Legen Sie Ihre nächste Pause deshalb genau fest. Planen Sie ein Zeitfenster für Telefonate und andere Dinge, die weniger Konzentration erfordern.

Dann müssen Sie Ihre Aufmerksamkeit zentrieren. Untersuchungen haben ergeben, dass gewisse Teile des Gehirns aktiv werden, sobald man sich auf etwas konzentriert. So, als würden Sie eine Stirnlampe tragen, die nur jene Teile erleuchtet, die Sie sehen wollen, während andere im Dunkeln bleiben.

TECHNIK 1: Den Geist befreien

Wenden Sie folgende Techniken an, um Ihren Geist zu befreien und sich ganz auf den Moment zu konzentrieren.

- Seien Sie bestimmt. Finden Sie einen ruhigen, bequemen Platz, stellen Sie Ihr Telefon ab und teilen Sie der Familie mit, dass Sie Ruhe brauchen.
- Schließen Sie die Augen und atmen Sie tief durch. Lassen Sie Ihren Geist leer werden.
- Tauchen irritierende, ablenkende Gedanken auf, nehmen Sie diese flüchtig wahr und vergessen Sie sie dann. Das hilft häufig, um den Geist zu befreien.

TECHNIK 2: Aufmerksamkeit

Beim Lesen einer Buchseite können die Gedanken allzu leicht abschweifen. Versuchen Sie Folgendes, um konzentriert zu bleiben:

- Unterstreichen Sie wichtige Wörter/Abschnitte und erstellen Sie beim Lesen eine Liste mit Fragen.
- Möchten Sie etwas gedanklich festhalten, pausieren Sie alle 10 Minuten und versuchen Sie, niederzuschreiben, was Sie bis jetzt erfahren haben.
- Fassen Sie alles visuell zusammen – machen Sie eine Skizze/Zeichnung.

➤➤ Schritt 6: Entspannte Wachsamkeit; Schritt 8: Widerstände überwinden; Schritt 13: Ausdauer; Schritt 25: Mind Mapping®

13 Ausdauer

Jeder kennt das Sprichwort „Übung macht den Meister". Vielleicht haben Sie noch die Stimme eines Lehrers im Ohr, der Sie damit zu besseren Leistungen anspornen wollte? Vielleicht war es auch ein wohlwollender Elternteil? Wahrscheinlich hat Sie dieser Ratschlag – wie die meisten von uns – manchmal gestört. Wenn Sie jedoch Ihre geistigen Kapazitäten voll ausschöpfen möchten, ist es unentbehrlich, Ausdauer zu entwickeln.

Die Zehn-Jahres-Regel

Nach ausgiebigen Studien präsentierte Dr. K. Anders Ericsson aus Schweden seine „10-Jahres-Regel", der zufolge die besten Leistungen nach etwa 10 Jahren intensiven Übens erbracht werden. Besonders interessant ist, dass seiner Meinung nach eigentlich jeder in einer Sache herausragend sein kann, wenn er sich nur ausreichend Zeit dafür nimmt.

Drei Dinge sind wichtig, wenn man ausdauernd arbeiten will: Selbsterkenntnis und der richtige Umgang mit Problemen sowie mit Unwägbarkeiten. Auf den folgenden Seiten betrachten wir die ersten zwei Dinge genauer. Die Akzeptanz von Ungewissheit wird in Kapitel 6 behandelt. Dabei liegt der Schwerpunkt auf dem Verhalten bei unvorhergesehen Veränderungen.

Sich selbst verstehen

Sie müssen genau herausfinden, was Sie zum Lernen motiviert. Jeder hat seine speziellen Beweggründe: Neugier, der Traum vom neuen Job, ein besseres Leben, mehr Selbstbewusstsein, der Wunsch, seinen Horizont zu erweitern – all dies kann motivierend wirken. Allerdings sind dies relativ abstrakte Vorstellungen. Die meisten Menschen werden durch konkrete und praktische Vorhaben motiviert.

Wie motivieren Sie sich, wenn Sie ein Tief haben? Sprechen Sie mit einem Freund? Wie belohnen Sie sich bei Erfolgen? Mehr Zeit für sich selbst? Wie gehen Sie mit den zahlreichen Ablenkungen des Alltags um? Wann können Sie ganz für sich ungestört Kopfarbeit leisten? Jeder Mensch hat seine spezielle Methode, um sich selbst zu motivieren. Sie müssen herausfinden, was bei Ihnen am besten funktionieren.

„Genie besteht zu 1% aus Inspiration und zu 99% aus harter Arbeit."

THOMAS EDISON (1847–1931)

Denken Sie immer daran, dass Gehirn und Körper sehr ähnlich arbeiten. Wenn Sie körperlich fit sein wollen, besuchen Sie ein Fitnesscenter. Nach etwa fünf Minuten Training spüren Sie die Anstrengung, doch wenn Sie weitermachen, werden Sie allmählich fitter. In ähnlicher Weise trainieren Sie Ihre „Lernmuskeln": Je hartnäckiger Sie fortfahren, schwierige Aufgaben zu bewältigen, umso fitter wird Ihr Gehirn.

Der richtige Umgang mit Schwierigkeiten

Die meisten werden zustimmen, dass alle wichtigen Dinge im Leben an irgendeinem Punkt schwierig sind. Das gilt natürlich auch für die Vervollkommnung Ihres Geistes. Es ist verlockend, bei den ersten Widerständen aufzugeben. Effiziente Menschen entwickeln allerdings Strategien, um sich den Herausforderungen zu stellen.

Wenn es mühsam wird, sollten Sie sich auf Ihre Stärken besinnen und bevorzugte Lernstile anwenden. Manchmal erscheint uns eine Aufgabenstellung so enorm und einschüchternd, dass wir nicht wissen, wo wir beginnen sollen. Bei großen komplexen Herausforderungen ist es am besten, sie in kleinere Einheiten zu unterteilen. An überschaubaren Aufgaben zu arbeiten und sie dementsprechend zu bewältigen, wird Sie dazu ermutigen, 100-prozentig bei der Sache zu bleiben. Das bringt Sie dem gesteckten Ziel näher und steigert Ihre Chancen auf Erfolg.

Die beiden häufigsten Schwierigkeiten, auf die Sie treffen werden, sind mentale Blockaden und fehlendes Durchhaltevermögen. Die Technik auf der nächsten Seite wird Ihnen helfen, diese speziellen Hürden zu erkennen und diese zu überwinden.

➤➤ Schritt 7: Optimismus; Schritt 8: Widerstände überwinden; Schritt 12: Konzentration; Schritt 19: Den Kontext erkennen; Schritt 22: Visualisierung; Schritt 51: Ziele setzen

TECHNIK : **Ausdauer**

Versuchen Sie herauszufinden, warum Sie aufgeben wollen.

- Sind es emotionale Gründe ? Hindert die Angst Sie daran, eine Rede zu schreiben? Empfinden Sie Langeweile bei einem Kurs?
- Oder praktische? Funktioniert der Computer nicht? Ein Kurs wurde abgesagt?
- Ist es eine Person? Ein übereifriger Beamter? Ein extrem schwieriger Kollege?
- Ist es körperlich? Sind Sie zu müde, um sich konzentrieren zu können, und müssen Sie immer wieder von vorne beginnen? Ständige Rückenschmerzen?

Überlegen Sie. Ein „ungehorsamer" Computer kann wütend machen, doch wenn das Problem praktischer Natur ist, bedarf es einer praktischen Lösung. Gefühle spielen dann keine Rolle! Sobald Sie die Ursache kennen, gehen Sie einen Schritt weiter:

1 Hatten Sie das Problem schon einmal? Was taten Sie damals? Vielleicht funktioniert es auch dieses Mal.

2 Erstellen Sie eine Liste mit Lösungen. Was haben Sie noch nicht versucht?

3 Suchen Sie Rat. Reden Sie mit einem Freund. Oder holen Sie sich einen Profi, sei es ein Chiropraktiker oder ein Computerspezialist, an Ihre Seite. Suchen Sie im Internet nach Informationen.

4 Visualisieren Sie die Lösung. Stellen Sie sich vor, wie gut Sie sich fühlen, wenn Sie das Problem bewältigt haben werden.

5 Bekämpfen Sie Müdigkeit mit Stretching oder gehen Sie öfter früh zu Bett.

14 Offener Fokus

Ein Problem unseres Geistes besteht darin, dass er zu effizient ist! Kaum soll er über etwas nachdenken, hat er auch schon die Lösung. Aber ist das wirklich so? Oft produziert unser Geist eine scheinbar offensichtliche Lösung, die in Wahrheit eine oberflächliche Antwort auf ein komplexes Problem darstellt.

Schwierige Aufgaben werden nicht im Handumdrehen gelöst. Manchmal muss man sich Zeit nehmen, damit sich die richtige Lösung aus verschiedenen Ansätzen herauskristallisieren kann. Dabei sollten Sie Ihren Geist offen halten.

Nehmen wir zum Beispiel eines dieser optischen Täuschungsbilder, wo man gefragt wird, was man erkennen kann. Je mehr Sie sich anstrengen, das Gefragte zu entdecken, desto weniger sehen Sie es. Lassen Sie los und blicken Sie mit „bedächtigen" Augen darauf, und plötzlich wird aus wahllos platzierten Klecksen das verwobene Muster eines Schmetterlingsflügels.

Gewöhnen Sie sich an, sich selbst Zeit zum Nachdenken zu geben, dann wird Ihr Geist wahrscheinlich etwas wirklich Interessantes, Kreatives und Neues finden – etwas, das außerhalb seiner üblichen Sphäre liegt.

►► Schritt 21: Das Problem finden; Schritt 24: Was, wenn?

ÜBUNG : Mit bedächtigen Augen sehen

Betrachten Sie die Bilder. Was sehen Sie?

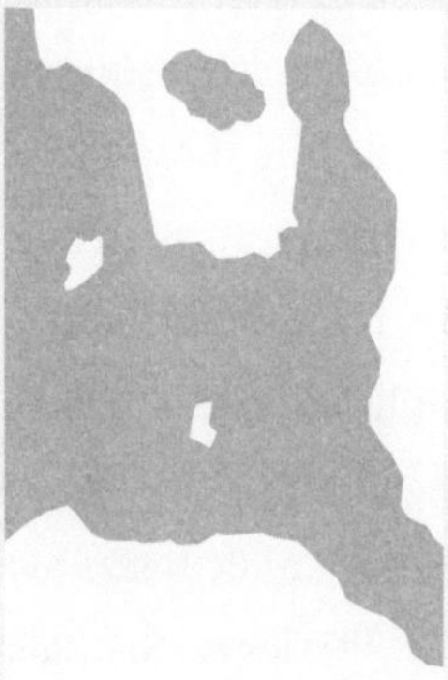

Sehen Sie den bärtigen Mann im linken Bild? Versuchen Sie, langsam zu sehen. Lassen Sie Ihren Blick aus dem Bild schweifen und beobachten Sie, ob sich die Muster allmählich in Formen verwandeln. Können Sie das Gesicht nun sehen?*
Führen die Stufen im rechten Bild nach oben oder nach unten? Erklimmen Sie sie mit Ihren Augen. Welche ist die oberste/unterste Stufe?
Wann immer Sie vor einem Rätsel oder einer Herausforderung stehen, halten Sie inne und warten Sie, bis Ihr Gehirn etwas mit den Informationen anfangen kann.

*Das linke Auge ist zu sehen, das rechte liegt im Schatten. Der Bart verbirgt den unteren Gesichtsteil.

15 Zeit für Gedanken

Starke Emotionen können Ihre geistige Leistungsfähigkeit beeinträchtigen. Bei vielen Menschen passiert dies allzu leicht unter Stress, bei Müdigkeit oder in einer schwierigen Beziehung. Je besser Sie die Zeichen einer drohenden Schwierigkeit zu deuten wissen, desto eher wird es Ihnen gelingen, Gefühle, die Ihren Geist vernebeln, zu vermeiden.

Der amerikanische Managementexperte Stephen Covey behauptet, wir hätten alle einen „Pause"-Knopf, der wie bei einer DVD die Handlung zum Stillstand bringt, sobald man ihn drückt. Bahnt sich ein Streit mit Ihrem Chef oder Partner an, drücken Sie auf den „Pause"-Knopf, atmen Sie durch und überlegen Sie, wie Sie jetzt am besten weiter vorgehen sollten. Sie könnten zum Beispiel sagen: „Ich glaube, wir haben unterschiedliche Standpunkte. Lassen Sie mich eine Nacht darüber schlafen, dann reden wir weiter." Oder: „Wir sind beide müde und hungrig. Lass uns eine Pause machen und nach dem Essen weiterreden."

Die Idee mit dem „Pause"-Knopf funktioniert vielleicht auch in Zeiten intensiven Lernens. Wird es wirklich anstrengend und Sie kommen nicht weiter oder sind unkonzentriert, drücken Sie einfach auf „Pause". Nehmen Sie eine Auszeit, gehen Sie kurz spazieren und kehren Sie energiegeladen an Ihren Arbeitsplatz zurück.

ÜBUNG : **Den „Pause"-Knopf drücken**

Sich Zeit zum Nachdenken zu nehmen, ist eine nützliche Strategie – zu Hause und im Büro. Es fällt leichter, wenn Sie es vorher geübt haben.

1 Erklären Sie einem Familienmitglied oder einem Kollegen, wie der „Pause"-Knopf funktioniert. Wann gab es in der Vergangenheit emotionsgeladene Momente, in denen der „Pause"-Knopf hilfreich gewesen wäre?

2 Vereinbaren Sie die Anwendung der Strategie. Einigen Sie sich auf Signale oder Worte, die in der Hitze des Gefechts den Beginn einer Atempause signalisieren sollen.

3 Geben Sie Menschen ein positives Feedback, wenn diese versucht haben, die Technik anzuwenden. Diskutieren Sie gemeinsam, was gut und was weniger gut funktioniert hat. Was könnten Sie das nächste Mal besser machen? Vielleicht möchten Sie den Knopf früher betätigen oder Sie brauchen eine längere Auszeit, bevor Sie weiter diskutieren.

Sie werden feststellen, dass der „Pause"-Knopf hilfreich ist, um unnötige Konfliktsituationen zu vermeiden, die Ihnen mentale Energie rauben.

►► Schritt 40: Meinungsverschiedenheiten; Schritt 41: Feedback geben und erhalten; Schritt 47: Umgang mit Konflikten

16 Bilanz ziehen

Fragen Sie sich, warum Sie immer dieselben Fehler machen? Oder warum Sie in bestimmten Situationen immer versagen? Falls ja, brauchen Sie wahrscheinlich etwas Zeit, um über Ihre Erfahrungen nachzudenken. Wenn Sie keine Bilanz ziehen und das Gelernte verinnerlichen, wird es Ihnen schwer fallen, sich weiterzuentwickeln.

In gewisser Weise ist Reflexion der Schlüssel, um den Sinn des Lebens zu erfahren. Sie könnten folgende Gleichung aufstellen: Leben + Reflexion = Lernen. Ihr Gehirn verbindet Ereignisse und fügt sie zu Verhaltensmustern zusammen. Diese Fähigkeit geht auf die Anfänge der Menschheit zurück und war für den Überlebenskampf unentbehrlich. Unsere Vorfahren beobachteten Löwen beim Verzehr der Beute, schlossen daraus, dass sie bedrohliche Geschöpfe sind, und reihten sie in die Kategorie „gefährlichen Tiere“ ein.

Unser Geist arbeitet so effizient, dass er häufig Bilanz zieht, ohne dass wir es merken. Obwohl wir ständig dazulernen, wissen wir oft nicht, was und wie wir es gelernt haben. Intuitiv wissen Sie vielleicht, dass Sie eine bestimmte Aufgabe oder Situation gemeistert haben. Bevor Sie das Geschehen nicht genau beschreiben können, werden Sie es nicht mit anderen teilen oder in Ihrem Gedächtnis verankern können, um später auf dieses Wissen zurückgreifen zu können. Ziel sollte sein, über Ihr gesamtes Dasein bewusst zu reflektieren.

ÜBUNG: Lern-Logbuch

Ein Lern-Logbuch ist eine einfache Methode, um Erlebnisse, Schlussfolgerungen daraus und etwaige Änderungsvorschläge festzuhalten. Es entspricht einem Tagebuch mit drei Spalten.

Was ist passiert und wann?	Was habe ich daraus gelernt?	Was möchte ich anders machen?

1 Erstellen Sie diese Tabelle über mehrere Seiten eines Notizbuchs. Nehmen Sie eine kürzlich gemachte Erfahrung. Was ist passiert? Beschränken Sie sich auf einen einzelnen Aspekt. Beschreiben Sie das Geschehen zunächst spontan, ohne darüber nachzudenken, was Sie daraus gelernt haben.

2 Nun analysieren Sie den Vorgang. Welche Erkenntnisse waren ausschlaggebend?

3 Jede Lernerfahrung bringt normalerweise Punkte mit sich, die verbessert werden können. Planen Sie konkret, was Sie anders machen, wenn Sie das nächste Mal mit einer ähnlichen Situation konfrontiert werden. Versuchen Sie, niederzuschreiben, wie Sie das tun werden.

Führen Sie eine Woche lang ein Lern-Logbuch. Hilft es Ihnen, können Sie es über einen längeren Zeitraum oder sogar ständig führen.

➤➤ Schritt 11: Achtung, fertig, los!; Schritt 17: Fehler sind gut; Schritt 27: Praktisches Wissen und Wissenstransfer

17 Fehler sind gut

Leider betrachten sehr viele Menschen Fehler als Zeichen für Misserfolg. In einer zunehmend auf Wettbewerb und Prozesssucht ausgerichteten Gesellschaft wird Scheitern als Schande empfunden. Doch wenn Sie Ihren Geist ernsthaft weiterentwickeln wollen, sollten Sie begreifen, dass man aus Fehlern lernen und sich ihretwegen nicht schämen muss. Denn Fehler sind das Ausgangsmaterial des Lernprozesses. Wie wir gesehen haben, beinhaltet der effektive Umgang mit Fehlern ihr Erkennen, die Reflexion über sie und die Anpassung an eine neue Situation. Gelingt Ihnen dies regelmäßig, werden Ihre Irrtümer zu einem wertvollen Gut.

> ***„Erfahrung ist die Bezeichnung, die wir Irrtümern verleihen."***
>
> OSCAR WILDE (1854–1900)

Um Ihre Kreativität voll auszuschöpfen, müssen Sie Risiken eingehen und viele Dinge ausprobieren, wohl wissend, dass nur einige erfolgreich sein werden. Sobald Sie das sichere Terrain aus freien Stücken verlassen, werden Sie manchmal scheitern. Misserfolge gehören unvermeidbar dazu, wenn Sie sich selbst herausfordern. Daher ist es klug, hin und wieder zu scheitern – vorausgesetzt, dass Sie aus dem Misserfolg lernen – und sich vornehmen, das nächste Mal anders zu handeln.

►► Schritt 10: Untergangs-Szenarien; Schritt 16: Bilanz ziehen; Schritt 27: Praktisches Wissen und Wissensvermittlung; Schritt 41: Feedback geben und erhalten

TECHNIK 1: Aus Fehlern lernen

Versuchen Sie meine Lernmethode, wenn Sie das nächste Mal einen Fehler machen:

Hören Sie auf das, was andere zu sagen haben. Nehmen Sie keine Abwehrhaltung ein und betrachten Sie sich, wie andere Sie sehen.

Bewerten Sie das Geschehen. Warum ging es schief? Was hätten Sie anders machen können? Siehe Tabelle auf Seite 57.

Stehen Sie zu Ihrem Fehler. Es ist ein Zeichen von Stärke, einen Fehler zugeben zu können.

Rekapitulieren Sie Ihr Verhalten. Wenn Sie sich Ihren Fehler klar vor Augen führen, werden Sie ihn wahrscheinlich nicht wiederholen.

Beschuldigen Sie niemals andere. Arbeiten Sie aus, wie Sie das nächste Mal handeln werden.

TECHNIK 2: Aus Erfolgen lernen

Sie lernen nicht nur aus Fehlern, sondern auch aus Erfolgen. Gewöhnen Sie sich an, positive Erfahrungen anzuerkennen, z. B. wenn Sie Ihr Kind erstaunlich reibungslos zu Bett bringen oder den glücklichen Ausgang einer schwierigen Verhandlung. Versuchen Sie, jeden Abend ein wichtiges Erlebnis zu notieren und warum es wichtig für Sie war. Bitten Sie Freunde, Familie und Kollegen darum, Ihnen regelmäßig Feedback zu geben. Dadurch lernen Sie, positive Erfahrungen richtig einzuschätzen und gegen negative gewappnet zu sein.

18 Urteilsvermögen

Kennen Sie die Geschichte von den vier blinden Männern und dem Elefanten? Einer glaubt, der Fuß, den er umklammert, sei ein Baum. Der zweite ist sicher, der Stoßzahn, den er hält, sei ein Speer. Der dritte ist überzeugt, der verschlungene Rüssel, den er berührt, sei eine Schlange. Der vierte befühlt das Ohr des Elefanten und teilt seinen Gefährten mit, er habe einen Fächer gefunden. Hätten die Männer ihre Entdeckungen ausführlicher untereinander ausgetauscht, hätten sie vielleicht die richtigen Schlussfolgerungen gezogen und festgestellt, dass es sich in Wirklichkeit um einen Elefanten handelte.

Es ist wichtig, Ihr Urteil zu überdenken und keine voreiligen Schlüsse zu ziehen, wenn Sie Ihren Horizont erweitern wollen. In der heutigen Gesellschaft muss man offenbar auf alles eine kluge Antwort zur Hand haben. Es gilt als Schwäche, nicht sofort eine plausible Erklärung parat zu haben. Dennoch ist die Fähigkeit, Urteile zu überdenken, exakt jene, die in komplexen Situationen gefragt ist. Dadurch vermeidet man Vereinfachungen und gewinnt tiefere Einblicke.

Schwierige Aufgabenstellungen sollte man behutsam angehen. Wenn Sie nach einer schnellen Lösung suchen und sich verausgaben, weil Sie sich verzweifelt eine Antwort einfallen lassen wollen, verlieren Sie Ihren klaren Blick. Ihr Geist kann nicht mehr zwischen Schwarz und Weiß unterscheiden, zwischen Für und Wider.

Viele Probleme haben zwei Seiten, manche sind sogar widersprüchlich. Wenn etwas beispielsweise glimmt, blasen Sie dagegen, um es auszulöschen? Wenn es ein Streichholz ist, ja. Ist es ein glimmendes Holzscheit, nein. Um zu einer Lösung zu kommen müssen Sie innehalten und die besonderen Umstände sorgfältig in Betracht ziehen.

Lassen Sie sich die hier besprochene Thematik einen Moment lang durch den Kopf gehen. Gab es Situationen, in denen es besser gewesen wäre, nicht vorschnell zu urteilen? Vielleicht haben Sie jemanden, der seine Ideen vortrug, zu früh unterbrochen? Oder Sie haben die Idee eines anderen zu voreilig verworfen.

Vielleicht waren Sie manchmal kurz verwirrt und fanden rasch eine Lösung, es wäre aber besser gewesen, sich mehr Zeit zu nehmen, um eine bessere zu finden? Oder wenn Sie sich mit einem wirklich schwierigen Problem auseinandergesetzt haben, das viele verschiedene Aspekte hatte? Haben Sie eventuell schon einmal etwas als unwichtig abgetan, von dem sich später erwies, dass es für Ihr Leben von größter Wichtigkeit war? Oder haben Sie in einer schwierigen Situation eine emotionale Entscheidung gefällt, die Sie später bereuten? Wenn Sie sich diese Situationen vergegenwärtigen, können Sie bewusst üben, Ihr Urteil abzuwägen, wenn Sie das nächste Mal in ähnliche Situationen geraten. Mit der Zeit und etwas Übung wird Ihnen diese Reaktion in Fleisch und Blut übergehen.

Urteile zu überdenken ist eine wichtige Voraussetzung, um kreativ sein zu können, vor allem, wenn es darum geht, neue Ideen zu entwickeln. Wir tun es ständig, ob am Küchentisch, wenn wir gemeinsam mit der Familie den nächsten Urlaub planen, ob beim Umgang mit einem Rohrbruch mitten in der Nacht oder beim Brainstorming in der Arbeit. In der Regel erfordern solche Situationen Teamgeist.

Es gibt drei Gründe, warum es klug ist, sich mit einem vorschnellen Urteil zurückzuhalten, wenn wir gemeinsam mit anderen neue Ideen ausarbeiten. Erstens wird sich der Ideengeber schlecht fühlen, wenn Sie zu rasch das Wort ergreifen, besonders wenn Sie Kritik anbringen. Das kann zu Feindseligkeit führen oder die Person entzieht sich der allgemeinen Diskussion.

Zweitens ist die Entstehung kreativer Ideen ein dynamischer Prozess. Ideen erzeugen Ideen. Häufig sind später hervorgebrachte Ideen besser als anfängliche. Überdenken Sie Ihr Urteil, ermöglichen Sie es sich und anderen, diesen kreativen Prozess zu durchlaufen. Und drittens sollten Sie auch an Ihrer Persönlichkeit arbeiten, wenn Sie Ihren Geist weiterentwickeln wollen. Es ist schwierig, mit Leuten zu auszukommen, die niemals innehalten und nachdenken!

➤➤ Schritt 14: Offener Fokus; Schritt 21: Das Problem finden; Schritt 23: Die Intuition nutzen; Schritt 24: Was, wenn?; Schritt 43: Sich in die Lage des anderen versetzen

ÜBUNG: Das Wartespiel

Sie können Ihr Urteilsvermögen verbessern, indem Sie es in imaginären komplexen Situationen testen.

Stellen Sie sich vor, jemand würde Ihnen folgende Fragen stellen. Wie ist Ihre erste Reaktion? Wie reagieren Sie nach reiflicher Überlegung? Sind Ihre Reaktionen unterschiedlich?

1 Welche drei Wünsche würden Sie gerne erfüllt sehen?
2 Wer sind die drei wichtigsten Menschen in Ihrem Leben?
3 Welcher wäre der aufregendste Teil der Welt, an den Sie sich wegzaubern lassen würden?
4 Woran glauben Sie so stark, dass Sie dafür sterben würden?
5 Wenn Sie die Wahl hätten, welchen Job hätten Sie dann gerne und warum?
6 Wenn Sie die mächtigste Person der Welt wären, was könnten Sie tun, um jegliche Gewalt zu beenden?

Welche Bereiche Ihres momentanen Lebens bedürfen reiflicher Überlegung, bevor Sie ein Urteil fällen können? Lassen sich Muster erkennen? Liegt es an den Menschen, der Umgebung oder an etwas anderem?

KAPITEL 4

Nützliche Techniken

In diesem Kapitel lernen Sie Techniken kennen, die Ihnen bei der Steigerung Ihrer geistigen Leistungsfähigkeit große Dienste erweisen werden. Damit werden Sie nicht unbedingt über Nacht zum Genie, doch wenn Sie diese Fähigkeiten erlernen und sie in unterschiedlichen Situationen anwenden, werden Ihr Selbstvertrauen und Ihre Effizienz größer.

Unser Geist läuft häufig Gefahr, sich allzu oft auf bereits Erlebtes zu verlassen. Wenn Sie nur wenige Erfahrungen sammeln konnten, sind Sie bald am Ende Ihrer Weisheit. Im folgenden Kapitel lernen Sie, Ihren Horizont zu erweitern und einfallsreicher zu werden. Sie erfahren, wie man komplexe Aufgaben in Einzelteile zerlegt, gute Fragen stellt, die Wurzel eines Problems findet, klar und intuitiv denkt, und außerdem, wie man das erworbene Wissen in verschiedenen Bereichen des Lebens anwendet. Und Sie lernen neue Techniken wie Visualisierung und Mind Mapping® kennen.

19 Den Kontext erkennen

Haben Sie schon einmal versucht, ein Puzzle zusammenzusetzen, ohne auf das Bild auf der Schachtel zu blicken? Wenn man nicht weiß, wo die Teile des Himmels hingehören oder ob es sich bei einem gewissen Grün um Gras oder Hecke handelt, kann es sehr schwierig sein, all die kleinen blauen und grünen Teile zusammenzusetzen. Sie müssen sich auf das Detail jedes Stücks konzentrieren und gleichzeitig das Gesamtbild vor Augen haben.

Viele Denk- und Lernprozesse laufen ähnlich ab: den Wald sehen und dabei einzelne Bäume erkennen. Kluge Geister sehen sowohl das Gesamtbild als auch die kleinen Bilder, die ein Ganzes ergeben.

Es empfiehlt sich, vom Gesamtbild auszugehen und es dann in kleinere Einheiten zu unterteilen. So sind Sie sicherer, dass Ihre Bemühungen Früchte tragen. Jeder der kleineren Teile wird zu einer Errungenschaft und zum Baustein des großen Ganzen. Je weiter Sie sich vorarbeiten, umso mehr steigert sich Ihre Zufriedenheit.

Unterteilung ist hilfreich

Wenn Sie größere Aufgaben oder Aktivitäten in kleinere, leichter handhabbare Elemente unterteilen, müssen Sie Ihr Ziel klar definieren – manchmal sind diese Elemente Aspekte einer größeren Sache, manchmal sind sie Teil eines Prozesses.

Nehmen wir an, Sie möchten Ihr Badezimmer umgestalten. Folgende Elemente betreffen *Aspekte* der Gestaltung:

- Finanzen überprüfen
- Gesamtbild planen
- Sanitärkeramik recherchieren
- Installationsvorschriften überprüfen
- mit Farbe experimentieren
- Lichtbefestigung wählen
- Fliesen aussuchen
- Form der Heizung festlegen

Der eigentliche *Prozess* der Umgestaltung umfasst folgende Elemente:

- Demontage
- Installation
- Verputzen
- Verfliesen
- Ausmalen
- Feinarbeiten

Natürlich kann auch jedes dieser Elemente in noch kleinere Einheiten unterteilt werden; das Verfliesen beinhaltet das Schneiden der Fliesen, Verwendung von Kitt, Mörtel usw.

Das Unterteilen eines komplizierten Vorgangs oder großen Projekts in kleinere Aufgaben führt nicht nur dazu, dass Sie das Ganze leichter bewältigen, Sie können auch effizienter arbeiten. Haben Sie das Ganze vor Augen, können Sie jeden einzelnen Schritt besser planen – etwa dass der Installateur kommt, bevor verfliest wird.

Das Gesamtbild im Auge haben

Eben genannte Unterteilung ist bei großen Projekten absolut hilfreich, denn wenn Sie sich zu sehr auf einzelne Aspekte konzentrieren, verlieren Sie leicht den Überblick. Über der minutiösen Planung der Route und des zeitlichen Ablaufs eines Segelurlaubs vergessen Sie vielleicht, dass Ihr jüngstes Kind schnell seekrank wird!

Das Gesamtbild vor Augen zu haben ist auch sinnvoll, wenn Sie mit einer Sache konfrontiert werden, die Sie nicht ganz verstehen. Das kann vom Verfassen eines Berichts bis hin zur Planung und Zubereitung eines aufwändigen Menüs reichen. Ein typisches Beispiel: Sie treffen verspätet bei einem Meeting ein und stellen fest, dass Sie nicht die geringste Ahnung haben, worum es geht! Entweder gibt es keinen Ablaufplan oder er ist zu ungenau. Die Teilnehmer bringen wahllos Ideen und Kommentare ein, ähnlich ungeordneten Puzzleteilen (um die vorher benutzte Terminologie erneut aufzugreifen). Was fehlt, ist das Bild auf der Schachtel.

In solchen Fällen stellt man am besten Fragen, die mehr Informationen liefern, damit Sie die Details in einen Zusammenhang bringen können. Sie könnten etwa sagen: „Entschuldigung, ich habe meinen Ablaufplan verlegt, kann ich bei jemandem mit hineinsehen?“, „Entschuldigen Sie meine Verspätung, könnte vielleicht jemand kurz zusammenfassen, was wir vorhaben?“ oder „Ich kann gerade nicht folgen. Könnten wir uns kurz auf das eigentliche Thema einigen?“

ÜBUNG: Den Wald *und* die Bäume sehen

Gibt es etwas, was Sie gerade in Angriff nehmen wollen? Wählen Sie nichts zu Alltägliches (wie Freitags um 16 Uhr zu Hause zu sein) und nichts zu Ehrgeiziges (ausgewogenes Verhältnis zwischen Arbeit und Privatleben).

Üben Sie die Unterteilung in kleinere, überschaubare Elemente, gleichzeitig sollten Sie das Gesamtbild nicht aus den Augen verlieren. Versuchen Sie eine oder beide dieser Methoden:

1 Schreiben Sie Ihr Endziel oben auf ein Blatt Papier und erstellen Sie darunter eine Liste, was es beinhaltet. Sie können chronologisch vorgehen, also alle „Zutaten" und Methoden in der Reihenfolge, in der sie erledigt werden müssen, niederschreiben – wie bei einem Rezept. Oder Sie vermerken jeden Schritt auf einem separaten Stück Papier, damit Sie die Elemente beweglich halten und hin und her schieben können. Vielleicht fallen Ihnen später weitere Elemente ein, die Sie einer bereits notierten Tätigkeit zuordnen können.

2 Verwenden Sie eine Mind Map® zur Visualisierung einzelner Aspekte Ihres Vorhabens. Beginnen Sie ebenfalls mit einem Wort/einem Satz, schreiben Sie es/ihn jedoch in die Mitte des Papiers und gruppieren Sie Ihre Ideen darum herum, ähnlich den Ästen und Wurzeln eines Baums.

➤➤ Schritt 20: Gute Fragen stellen; Schritt 25: Mind Mapping®; Schritt 26: Klarheit

20 Gute Fragen stellen

Eine Figur im Roman *Per Anhalter durch die Galaxis* von Douglas Adams sagt: „Die Antwort auf die Frage nach dem Sinn des Lebens, nach dem Universum und auf alles ist 42." Hier wird uns die Schwierigkeit vor Augen geführt, komplexe Fragen zu beantworten. Die Antwort „42" erscheint uns natürlich unsinnig. Doch vielleicht ist die Frage nach dem Sinn des Lebens für unseren Verstand einfach zu umfassend.

„Beurteile einen Menschen lieber nach seinen Fragen als nach seinen Antworten."

VOLTAIRE (1694–1778)

Gute Fragen zu stellen, ist sehr wichtig. Manchmal ist ein Problem nur das Symptom eines anderen Problems. Durch die richtige Fragestellung können Sie den eigentlichen Kern der Sache herausfinden. Eine sondierte Frage spiegelt den Grad Ihrer Wissbegierde wider, und diese sollte stark ausgeprägt sein, um Ihren Geist zu Höchstleistungen zu bringen.

Die meisten Fragen sind sachlicher Natur. Häufig beginnen sie mit Wer, Was, Wie, Wo und Wann – etwa: Wie heißt die Hauptstadt Dänemarks? Meistens erwartet man auf eine solche Frage eine konkrete Antwort. Interessantere Fragen erfordern Interpretation und Urteilsvermögen. Sie beginnen häufig mit Warum oder Wie und lassen das Ende offen. Solche Fragen zu stellen, ermutigt, ein Thema von mehreren Standpunkten aus zu betrachten.

TECHNIK: Das Wie und Warum anwenden

Folgende Methoden helfen Ihnen, gute Fragen zu stellen.

- Stellen Sie jeden Tag eine Warum-/Wie-Frage, deren Antwort Sie nicht kennen. Erstellen Sie einmal pro Woche oder alle vierzehn Tage eine Liste der Fragen und besprechen Sie sie mit einem Freund oder Familienmitglied.
- Erzählt Ihnen das nächste Mal jemand etwas, das Sie nicht verstehen, nicken Sie nicht oder geben vor, zu wissen, worum es geht, sondern bitten Sie die Person um eine Erklärung.
- Wenn Sie an einer Sitzung oder Diskussion teilnehmen und nicht genau wissen, worum es geht, seien Sie mutig und bitten Sie andere, Ihnen Sinn und Zweck zu erklären. Wenn Sie Ihre Fragen sorgfältig formulieren, wirken Sie analytisch und aufmerksam. Versuchen Sie es mit: „Ich bin mir nicht sicher, was genau wir erreichen möchten. Könnten Sie mich aufklären?"
- Unterteilen Sie eine Frage in mehrere. Nicht: „Sind Frauen bessere Autofahrer?", sondern: „Würden Sie sagen, dass Frauen a) sicherere, b) langsamere, c) vorsichtigere Autofahrer als Männer sind?"
- Jedes Mal, wenn jemand eine gute Frage stellt (im Fernsehen, Radio oder im Alltag), notieren Sie diese. Unterteilen Sie die Frage später, und finden Sie heraus, warum Sie so gut war.

➤➤ Schritt 21: Das Problem finden; Schritt 24: Was, wenn?
Schritt 26: Klarheit

21 Das Problem finden

Ein Problem ist eine schwierige Situation, die geklärt werden muss. Wir werden unser ganzes Leben lang mit unzähligen Problemen konfrontiert. Kluge Menschen definieren klar, was das Problem ist und finden anschließend Lösungen.

Wie im vorherigen Schritt bereits beschrieben, ist das, was das Problem zu sein scheint, häufig gar nicht das eigentliche Problem, sondern lediglich das Symptom eines anderen. Ständiges Zuspätkommen zum Beispiel kann Symptom eines tiefer liegenden Problems sein. Das eigentliche Problem könnte sein:

- Sie gehen zu spät ins Bett und sind morgens zu müde, um rechtzeitig aufzustehen.
- Sie verlassen Ihre Wohnung zu spät.
- Ihr Transportmittel ist unzuverlässig.
- Sie müssen den Alltag mit Ihren Kindern besser organisieren.

Finden Sie das eigentliche Problem, vergeuden Sie keine Zeit mit der Klärung von Symptomen, und Sie werden in der Lage sein, eine erfolgreiche Lösung zu finden.

►► Schritt 16: Bilanz ziehen; Schritt 20: Gute Fragen stellen; Schritt 26: Klarheit; Schritt 35: Verhalten ändern

ÜBUNG: Die eigentliche Ursache finden

Denken Sie an ein aktuelles Problem und beantworten Sie diese 10 Fragen.

1 Wer behauptet, es sei ein Problem? – Sie oder auch andere Leute?

2 Wie viele Leute sind betroffen?

3 Wie schwerwiegend ist das Problem? Fühlen Sie sich nur leicht unwohl, ist es vielleicht gar kein Problem.

4 Ist es ein Einzelfall oder passiert es häufig? Leiden Sie ständig darunter?

5 Ist etwas anderes der Auslöser? Wie beim Beispiel des Zuspätkommens kann das, was das Problem zu sein scheint, nur Symptom eines anderen Problems sein. Denken Sie gründlich über die Ursache nach.

6 Gibt es einen oder mehrere Gründe? Hängen diese voneinander ab oder könnte jeder einzeln in Angriff genommen werden?

7 Wenn das Problem von anderen verursacht wird, wer sind die Hauptbeteiligten?

8 Liegt die Ursache jenseits menschlichen Einflusses? Wenn ja, worum geht es?

9 Ist das Problem anhaltend, warum existiert es oder tritt immer wieder auf?

10 Was könnte Erleichterung verschaffen oder den Zyklus durchbrechen?

Die Fragen sind kurz, doch wahrscheinlich müssen Sie bei manchen lange nachdenken. Eine Skizzierung des Problems, inklusive Betroffener und Auswirkungen kann hilfreich sein. Versuchen Sie, das Problem in einem Satz zusammenzufassen. Klären Sie die Situation, stellen Sie die richtigen Fragen, und Sie werden einen Ausweg finden. Ihr Gehirn ist wahrscheinlich längst mit der Lösung beschäftigt!

22 Visualisierung

Man sagt, Hören beflügle die Fantasie mehr als Sehen. Die Kraft Ihrer Fantasie kann lebendigere Bilder erschaffen als ein Kinofilm. Das gilt auch für die Entwicklung Ihrer geistigen Fähigkeiten.

Visualisierung funktioniert mehrfach. Mit ihr kann man sich an die Abfolge von Ereignissen erinnern, indem man sie mit geschlossenen Augen noch einmal durchlebt. Jeder kennt diese Methode – etwa wenn man einen Schlüssel verlegt hat und sich einfach die Szene ins Gedächtnis ruft, als man ihn zuletzt in der Hand hatte.

Durch Visualisierung können Sie auch gegen Niedergeschlagenheit ankämpfen. In Ihren persönlichen, imaginären Landschaften können Sie überall sein und alles erreichen. Sie können sich in die schönste Person der Welt verlieben, den schnellsten Wettlauf gewinnen und vollkommen glücklich sein. Das durch die Visualisierung hervorgerufenen Hochgefühl ist real, auch wenn es die Situation an sich nicht ist – so wie Sie im Kino wirklich lachen, weinen oder aufgeregt sind. Je mehr Sie visualisieren, desto mehr wird Ihr Gehirn an eine reale Möglichkeit glauben. Sportler verwenden Visualisierung beim Training. Tänzer und Skifahrer gehen den Bewegungsablauf auch im

►► Schritt 6: Entspannte Wachsamkeit; Schritt 30: Was, wann, warum?; Schritt 48: Guter und schlechter Stress

Kopf durch. Selbst verletzte Sportler, die nicht trainieren können, nutzen Visualisierung, um ihre Leistungen zu verbessern.

Visualisierung ist auch eine Methode, um Ihren Geist zu entspannen, tiefere Gedanken und Gefühle an die Oberfläche dringen zu lassen und somit zu intuitiven Lösungen kommen. Die Bilder entstehen in Ihrem Kopf, noch bevor Sie diese benennen oder mit Worten beschreiben können. Bilder sind wesentlich komplexer, als Worte es jemals sein können.

ÜBUNG: Stellen Sie sich vor ...

Diese Übung habe ich gemeinsam mit einem Freund, Professor Guy Claxton, entwickelt. Sie werden einen Ort erschaffen, an dem Sie sich sicher, glücklich und energiegeladen fühlen – einen Ort, zu dem Sie gehen können, wenn Sie Antworten suchen.

1 Entspannen Sie sich (s. Seite 29). Schließen Sie die Augen und atmen Sie drei Mal tief durch.

2 Stellen Sie sich ein wunderschönes Haus an einem See vor. Welche Farbe hat der See? Was befindet sich an seinem Ufer? Gehen Sie nun um das Haus herum. Wie sieht es aus? Gibt es einen Balkon? Wo ist die Eingangstür? Öffnen Sie die Tür und betreten Sie das Haus.

3 Wie viele Zimmer gibt es? Richten Sie für jede Ihrer Stimmungen eines ein. Sehen Sie aus dem Fenster. Wie ist die Aussicht? Das Haus ist Ihre Zuflucht.

23 Die Intuition nutzen

Schritt 18 lehrte Sie, dass das Überdenken eines Urteils ermöglicht, komplexe Fragen zu beantworten und kreativ zu denken. Ich glaube, dass auch Intuition sehr wichtig ist.

Denken Sie an die wichtigsten Entscheidungen in Ihrem Leben – etwa die lebenslange Verpflichtung Ihrem Partner gegenüber; das Mieten oder der Kauf eines Hauses/einer Wohnung oder ein Umzug aufgrund einer Beförderung. Obwohl Ihre Entscheidung wahrscheinlich auf vielen rationalen Gründen beruhte, spielte das Gefühl oder eine Vorahnung, das Richtige zu tun, – kurz Ihre Intuition – sicherlich auch eine Rolle.

Nehmen Sie Situationen, in denen Sie gehandelt haben, weil sie fühlten, dass etwas nicht stimmt. Sie zweifelten zum Beispiel die Beziehung zu Ihrem Partner an. Sie sorgten sich um Ihr Kind, das sichtlich über etwas unglücklich war. Ihre Arbeit befriedigte Sie unerklärlicherweise nicht. Vieles in uns schlummert unter der Oberfläche der Ratio im Unterbewusstsein, daher ist es nicht verwunderlich, dass diese Ahnungen von Zeit zu Zeit ins Bewusstsein dringen. Kluge Menschen wissen, dass Visualisierung hilfreich ist, um sich die Feinheiten einer Situation bewusst zu machen. Es ist auch klug, auf seine Intuition zu hören. Sie können dann mit Situationen besser umgehen und leichter Entscheidungen fällen.

ÜBUNG: Antworten intuitiv finden

Diese Übung geht auf den Einfluss des amerikanischen Psychologen und Schriftstellers Frances Vaughan zurück. Sie hilft, Ihre Intuition zu fördern.

1 Denken Sie an ein Problem oder eine Angelegenheit, das/die Sie derzeit durch Logik allein nicht lösen können.
2 Schließen Sie die Augen und begeben Sie sich in das imaginäre Haus von der Übung auf Seite 75.
3 Es ist ein warmer Nachmittag. Sie sind am Seeufer vor Ihrem Haus. Sie haben ein Boot vor sich und steigen hinein. Sie stoßen sich leicht vom Ufer ab, legen sich auf den Rücken und schließen die Augen. Sie fühlen sich sicher und entspannt. Es wird Abend, Sie spüren die Dunkelheit und schlafen friedlich ein.
4 Beim Aufwachen liegt eine wunderschöne sonnendurchflutete Wiese vor Ihnen. Alles, was Sie wissen, ist, dass Sie hier eine schriftliche Botschaft erhalten werden. Die Nachricht löst vielleicht nicht Ihr Problem, doch seien Sie beruhigt. Lesen Sie sie und alles wird klarer.
5 Kehren Sie zum Boot zurück und fahren Sie zu Ihrem Haus. Denken Sie über den Inhalt der Nachricht nach. Prüfen Sie, ob er Ihnen weiterhilft. Öffnen Sie die Augen und kommen Sie in die Realität zurück.

➤➤ Schritt 22: Visualisierung; Schritt 14: Offener Fokus

24 Was, wenn?

Jeder von uns fällt zeitweise in bewährte Verhaltens- und Denkmuster zurück. Um unserem Geist neue Perspektiven zu eröffnen, müssen wir Altbekanntes verlassen. Wir müssen fantasievoll denken.

Kleinen Kindern fällt dies wahrscheinlich leicht. Wir Erwachsene haben diese Fähigkeit häufig verloren. Warum ist das so? Nicht, weil unser Geist keinen Funken mehr schlägt, sondern weil wir meist derart beschäftigt sind, dass wir lieber auf altbewährten, sicheren Pfaden wandeln, deren Beschreiten den ewig gleichen, oft uninspirierten Blickwinkel erfordert.

Ich glaube, dass jeder die Fähigkeit besitzt, fantasievoll zu denken. Wir müssen dieses Talent nur wieder erwecken und lernen, es in alltäglichen Situationen zu nutzen. Edward De Bono erkannte bereits in den 1960ern, dass wir unterschiedliche Perspektiven einnehmen müssen, wenn wir neue Ideen und Lösungen finden wollen. Er beschrieb dies als „laterales Denken“ – den Versuch, Probleme als Chancen zu begreifen und originelle sowie effektive Ideen zu entwickeln. Laterales Denken ist besonders bei der Erstellung neuer Konzepte sehr hilfreich.

►► Schritt 18: Urteilsvermögen; Schritt 20: Gute Fragen stellen;
Schritt 23: Die Intuition nutzen

ÜBUNG: Quer denken

Diese Übung nennt sich „Plus, Minus, Interessant“. Sie wurde von Edward De Bono eingeführt und wird weltweit angewandt. Sie hilft, Ideen und Gedanken zu kategorisieren, um beide Seiten in Betracht ziehen zu können. Sie ermutigt, offen an Themen heranzugehen und kreative Lösungen zu finden.

1. Erstellen Sie in einem Notizbuch drei Spalten: Plus, Minus, Interessant.
2. Wählen Sie ein Thema. Es kann theoretischer, politischer, umwelttechnischer (z. B. Verkehrsüberlastung) oder persönlicher (soll Ihre Großmutter in ein Altersheim ziehen?) Natur sein.
3. Notieren Sie die positive Aspekte (die Leute fahren gerne Auto; Ihre Großmutter ist gerne unter Menschen), dann die negativen (hohe Verkehrsdichte führt zu Stau, Unfällen, Luftverschmutzung; Altersheime sind kostspielig) und schließlich Interessantes (frühmorgens ist der Berufsverkehr besonders dicht; Ihre Großmutter wäre zwar weiter weg, aber besser aufgehoben).
4. Prüfen Sie das Notierte. Die Punkte in den ersten beiden Spalten sind wahrscheinlich ziemlich eindeutig. Sie werden feststellen, dass sich die kreativsten Lösungsansätze unter der Rubrik „Interessantes“ befinden (man könnte flexiblere Arbeitszeiten einführen; vielleicht könnten Sie Ihre Großmutter seltener, dafür aber länger besuchen und dies mit einem Wochenendausflug kombinieren).

25 Mind Mapping®

Mind Mapping® wurde in den 1960ern von Tony Buzan erfunden. Es handelt sich um eine farbenfrohe und stark visuelle Methode, um Gedanken auf einem Stück Papier zu ordnen. Mein Beispiel

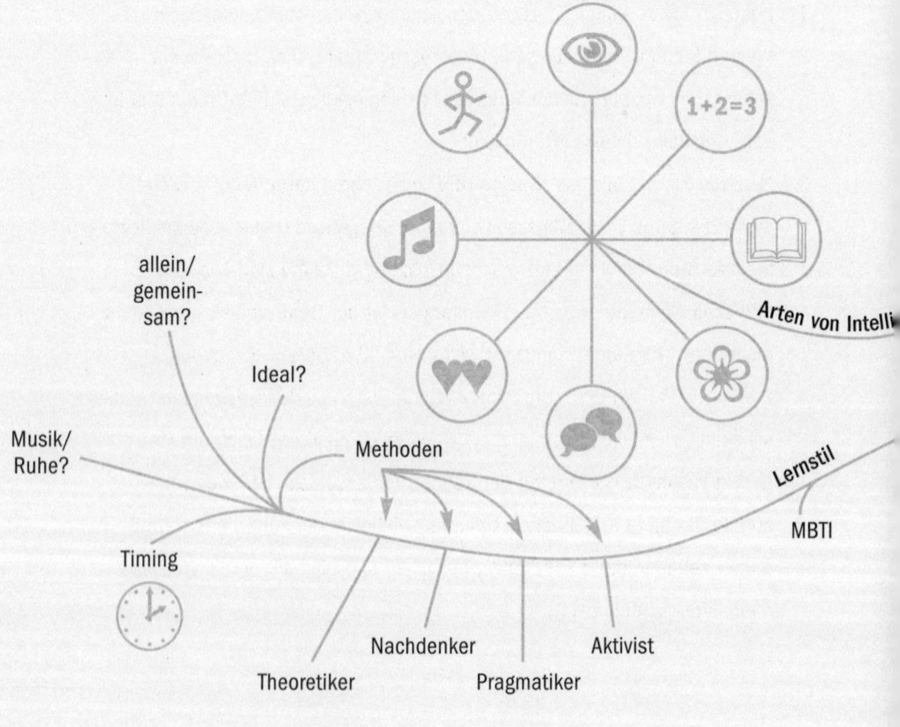

bezieht sich auf Kapitel 1 dieses Buchs – wie Ihr Geist funktioniert. Die fünf Schritte werden anhand von fünf Ästen dargestellt. Verwandte Themen sind weitere Äste. Verwenden Sie bei Ihrer eigenen Mind Map® für jeden Ast eine andere Farbe und möglichst Bilder und Einzelbegriffe anstelle von Sätzen.

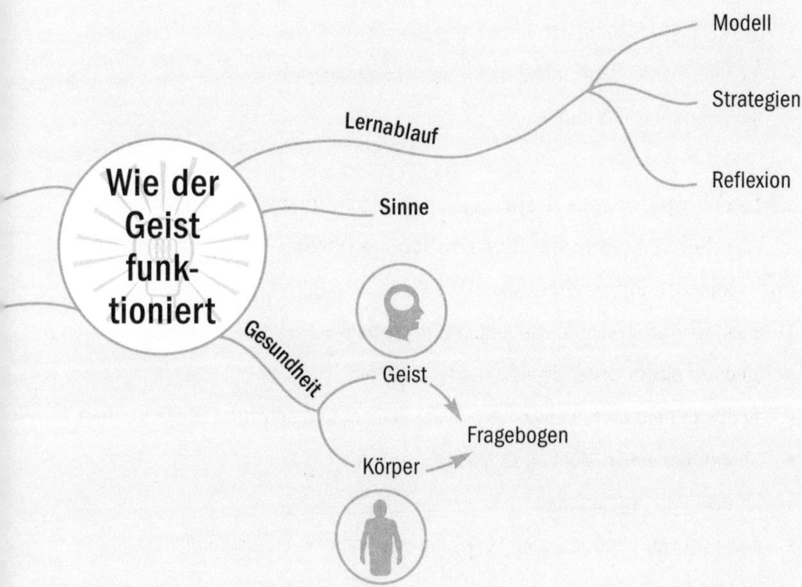

Mind Maps® sind äußerst wirkungsvolle Lerntechniken, da:

- sie Ihnen helfen, lineares Denken zu vermeiden
- eine bunte Zeichnung anregend wirkt
- Sie aufhören, Ihre Ideen in durchnummerierten Tabellen anzulegen
- Sie Farben benutzen, das macht Schlüsselbegriffe lebendiger
- Sie Bilder mit Wörtern verbinden
- Sie erkennen, wie Ideen miteinander verknüpft sind
- Sie die Wichtigkeit unterschiedlicher Themen erkennen
- Sie das Gesamtbild und gleichzeitig die Details im Auge haben
- Sie Schlüsselbegriffe auf einen Blick erkennen
- Sie sich Fakten bildlich und daher besser einprägen
- Sie Ihre Kreativität freisetzen

Mind Maps® waren ursprünglich als Erinnerungshilfen gedacht. In Wirklichkeit sind sie aber ein sehr probates Arbeitsmittel. Sie sind vielseitig einsetzbar, um:

- eine mündliche/schriftliche Prüfung vorzubereiten
- Ideen zu einem neuen Projekt klar festzuhalten
- zu überprüfen, ob Sie etwas verstanden haben/sich an etwas erinnern
- Notizen bei einem Meeting zu machen
- für eine Prüfung zu lernen
- einen Artikel, ein Buch, eine Vorlesung oder eine TV-/Radio-Sendung zusammenzufassen

ÜBUNG: **Mind Map® erstellen**

Mind Maps® sind besonders für Menschen geeignet, die lieber mit Bildern als mit Worten arbeiten. Aber grundsätzlich sind sie sehr hilfreich, um die geistige Leistungsfähigkeit zu steigern. Es lohnt sich, diese Methode zu erlernen und zu üben:

1 Nehmen Sie ein großes Blatt Papier und Farbstifte.

2 Wählen Sie ein Thema – etwas, was Sie genauer eruieren möchten, ein aktuelles Projekt oder eine persönliche Angelegenheit, die Sie gerade beschäftigt.

3 Beginnen Sie mit einem Schlüsselwort/-bild in der Mitte des Papiers. Dies ist Ihr Ausgangspunkt.

4 Für Ihre Hauptgedanken und -ideen ziehen Sie von der Mitte aus Linien, wie die Äste und Wurzeln eines Baums. Versehen Sie jeden Ast mit einem Bild/Begriff und reduzieren Sie dabei das Thema auf einen Begriff.

5 Verwenden Sie für jeden Ast eine andere Farbe.

6 Verwenden Sie für verwandte Themen Seitenäste.

7 Verwenden Sie Pfeile und andere visuelle Hilfsmittel, um die Verbindungen der verschiedenen Linien untereinander aufzuzeigen.

8 Verweilen Sie nicht zu lange bei einem Ast. Gehen Sie zügig zum nächsten über.

9 Schreiben Sie ganz spontan nieder, was Ihnen in den Sinn kommt.

10 Betrachten Sie Ihre Mind Map®. Sind alle Schlüsselpunkte eingezeichnet? Hat Ihnen das Erstellen der Mind Map® geholfen, die Punkte zu überdenken?

►► Schritt 19: Den Kontext erkennen; Schritt 24: Was, wenn?

26 Klarheit

In unserer komplexen Welt fällt es manchmal schwer, zu erkennen, was wichtig ist. Wir werden mit Informationen überschwemmt und mit einer Vielzahl an Problemen konfrontiert. Ständig müssen wir schwierige und scheinbar widersprüchliche Entscheidungen treffen. Viele Meetings in Unternehmen sind Zeitverschwendung, da die Ziele nicht genau definiert werden. Beziehungen sind von unnötigen Frustrationen geprägt, weil die Menschen nicht sagen, was sie meinen. In unserer schriftlichen Kommunikation sind wir häufig ungenau und zweideutig. Wie können wir Klarheit schaffen?

Klarheit in fünf Schritten

Wollen Sie etwas in Angriff nehmen oder ändern? Vielleicht spielen Sie mit dem Gedanken, zu kündigen. Vielleicht erwägen Sie einen Umzug. Oder Sie fragen sich, warum die Beziehung zu Ihren Eltern nicht so gut ist, wie Sie es gerne hätten. Die fünf folgenden Schritte werden Ihnen helfen, die Situation klarer zu sehen.

Analysieren

Stellen Sie sich selbst einige analytische Fragen zum Sachverhalt. Beginnen Sie mit den wichtigsten Fragen. Worin liegt das Hauptproblem Ihrer aktuellen Arbeitssituation? Auch wenn Sie mit Ihren momentanen Wohnverhältnissen unzufrieden sind, können Sie sich überhaupt einen Umzug leisten? Wie ernsthaft sorgen Sie sich wegen der Beziehung zu Ihren Eltern? Durch Analyse können Sie die wichtigsten Aspekte Ihrer Situation herausarbeiten.

Unterteilen

Ein Problem in kleinere Einheiten zu unterteilen und es von verschiedenen Blickwinkeln aus zu betrachten kann sehr konstruktiv sein. Sie könnten beispielsweise die „Nebenthemen" in zwei Spalten eintragen, über denen jeweils „gut" oder „schlecht" steht. Dadurch können Sie die möglichen Auswirkungen des Problems abwägen. Eine Schwarz-Weiß-Betrachtung führt aber häufig zu dem Schluss, vor einem Dilemma zu stehen. Vielleicht möchten Sie eine dritte Kategorien hinzufügen, etwa „Damit könnte ich leben".

Oder Sie benutzen eine Stärken-Schwächen-Tabelle, um die Analyse zu vertiefen. Ein Beispiel dafür finden Sie unten. Eine Stärken-Schwächen-Tabelle unterteilt Problemstellungen, so dass Sie sehen können, welche Vor- und Nachteile die Situation mit sich bringt.

Stärken	**Schwächen**
Chancen	**Gefahren**

Ein Vorhaben in Frage stellen

Hier müssen Sie die Methode der Warum-, Was-, Wann-, Wie-, Wann- und Wer-Fragen anwenden. Warum wollen Sie den Arbeitgeber wechseln, obwohl Sie vieles an Ihrem Job genießen? Wie werden sich Ihre Kinder im Falle eines Umzugs in eine neue Schule eingewöhnen? Wann verspürten Sie zum ersten Mal Unbehagen über die die Beziehung zu Ihren Eltern? Die Beantwortung der Fragen wird Ihnen eine kritischere Perspektive der Gesamtsituation vermitteln.

Die Gedanken beschreiben

Der Theoretiker Graham Wallas meinte einmal: „Wie weiß ich, was ich denke, bis ich nicht sehe, was ich sage?" Viele finden, dass das Aussprechen oder Niederschreiben eines Sachverhalts einen Klärungsprozess einläutet. Es trifft auch zu, dass Sie eine Sache häufig besser verstehen, wenn Sie sie einem anderen deutlich beschreiben.

Für Ruhe sorgen

Schaffen Sie Freiräume. Ziehen Sie sich zurück. Machen Sie einen Spaziergang oder etwas, bei dem Sie ungestört nachdenken können.

Sobald Sie diesen Prozess durchlaufen haben, ist es wichtig, sich Notizen zu machen: eine Liste mit Hauptpunkten oder Schlüsselbegriffen oder mit offenen Fragen – eine gute Arbeitsgrundlage.

ÜBUNG: **Klarheit erreichen**

Behandeln Sie ein komplexes Thema, das Sie derzeit beschäftigt, mittels oben beschriebener Methode.

Analyse: Erfassen Sie die Lage. Worum geht es im Kern?

➤➤ Schritt 21: Das Problem finden; 24: Was, wenn?; 25: Mind Mapping®

Unterteilung: Unterteilen Sie das Problem in Teilabschnitte und nehmen Sie unterschiedliche Standpunkte ein. Nutzen Sie die Vorschläge auf Seite 85.

➤➤ Schritt 19: Den Kontext erkennen; 24: Was, wenn?

In Frage stellen: Stillen Sie Ihren Wissensdurst – stellen Sie viele intelligente Fragen. Fragen Sie auch andere um ihre Meinung.

➤➤ Schritt 20: Gute Fragen stellen; 41: Feedback geben und erhalten

Beschreibung: Wenn Sie das Problem nicht in einem einzigen Satz wiedergeben können, haben Sie wahrscheinlich noch keine Klarheit. Machen Sie weiter!

Ruhe: Konzentrieren Sie sich auf das Wesentliche, und lassen Sie sich nicht von anderen Dingen ablenken.

➤➤ Schritt 6: Entspannte Wachsamkeit; 12: Konzentration

27 Praktisches Wissen und Wissenstransfer

Es gibt viele verschiedenen Arten von Wissen: Fakten, Meinungen, triviale Informationen und tiefe Weisheiten. Doch am wichtigsten ist praktisches Wissen, das man sich durch Erfahrung angeeignet hat. Es ist manchmal schwer wiederzugeben, da es sich um das Verstehen eines Vorgangs handelt, etwa wie man ein Leck repariert, präzise schreibt oder jemanden beruhigt, der unter Stress steht.

Wenn Sie Ihr Know-how als Teil Ihres Gesamtwissens bildhaft darstellen müssten, würde es wie die unter der Erdoberfläche liegenden Wurzeln eines Baumes aussehen. Es ist also nicht immer sofort sichtbar, aber dennoch die Grundvoraussetzung für Ihre Lernfähigkeit. Sie sollten anfangen, Ihr Know-how wertzuschätzen und zu erkennen, wie Sie es in verschiedenen Situationen anwenden können.

Praktisches Wissen erkennen

Menschen sind sich einer Fähigkeit häufig nicht bewusst, da diese zu einer zweiten Natur geworden ist: „Das kann doch jeder", meinen sie dann überrascht. Tatsächlich haben sie sich das Know-how aber durch ständige Anwendung und Lernen angeeignet. Sich seines Wissens bewusst zu sein, ist wichtig und stärkt Ihr Selbstvertrauen. Also:

- Erkennen Sie an, worin Sie besonders gut sind!
- Üben Sie Ihre Fertigkeiten regelmäßig.

Wissenstransfer

Die amerikanischen Psychologen Mary Gick und Keith Holyoak gaben ihren Studenten folgende Aufgabenstellung:

Stellen Sie sich vor, Sie wären ein Arzt, der einen Patienten mit inoperablem Magentumor behandeln muss. Eine intensive Bestrahlung könnte menschliches Gewebe zerstören. Bei schwacher Bestrahlung wird kein gesundes Gewebe beschädigt, allerdings bleibt der Tumor dann unangetastet. Wie können Sie mittels Bestrahlung den Tumor zerstören, ohne dabei gesundes Gewebe zu beschädigen?

Die meisten Studenten fanden keine rasche Lösung. Aber neun von zehn Studenten hatten eine Idee, nachdem sie folgende Geschichte gelesen hatten:

Ein General möchte eine Festung inmitten eines Landes einnehmen. Von der Festung gehen viele Straßen aus. Alle wurden vermint. Kleinere Menschengruppen lösen die Minen nicht aus, größere Kampfeinheiten hingegen schon. Ein groß angelegter Angriff ist deshalb unmöglich. Der General teilt seine Armee also in kleine Einheiten, und schickt jede von einer anderen Straße aus los, so dass schließlich alle gleichzeitig rund um die Festung eintreffen.

Den Studenten fiel die Ähnlichkeit auf: Mehrere kleine Strahlendosen, die aus unterschiedlichen Richtungen auf den Tumor treffen, könnten diesen zerstören. In anderen Worten, es gelang ihnen, die Lösung für das zweite Problem auf das erste anzuwenden.

Sobald Sie Ihr Know-how erkannt haben, können Sie versuchen, es in einem Bereich einzusetzen, der zuvor gänzlich unbekannt erschien. Wir alle tun dies ständig, wenn wir von einem Job zum anderen wechseln. Wissenstransfer kann aber auch in anderen Situationen hilfreich sein: beim Kochen, beim Reparieren eines Gegenstands oder bei der Schlichtung eines Streits. Wissenstransfer ist sehr komplex. Ein wichtiger Faktor ist Wissenserweiterung. Zunächst müssen Sie ausreichend Informationen sammeln, bevor Sie Ihr Wissen effizient einsetzen können. Versuchen Sie, sich genügend Wissen anzueignen, bevor Sie es anderweitig verwenden. Sie werden z. B. kein Problem haben, im Ausland einen Mietwagen zu steuern, wenn Sie bereits zu Hause ein sicherer, kompetenter Fahrer sind.

Kontext und Umstände sind ausschlaggebend. Sie sind vielleicht in der Lage, Ihr Argumentations- und Überzeugungstalent bei Ihrem Partner oder einem Freund anzuwenden, doch dasselbe gegenüber einem strengen Chef zu tun, ist etwas ganz anderes.

Die Übung auf der gegenüberliegenden Seite soll Ihnen helfen, Ihr Wissen zu erkennen und zu lernen, es in unterschiedlichen Lebensbereichen anzuwenden.

TECHNIK: **Praktisches Wissen anwenden**

Verwenden Sie diese praktische Übung, um Ihr Wissen besser einzusetzen.

- Finden Sie Gemeinsamkeiten bei unterschiedlichen Aufgaben heraus.

  Zum Beispiel:

  Wenn Sie gerade Spanisch lernen, besinnen Sie sich auf Ihre Lateinkenntnisse oder Kenntnisse einer anderen romanischen Sprache, deren Vokabeln und Grammatik dem Spanischen ähnlich sind.

  Eventuell haben Sie noch nie eine Hochzeit organisiert. Doch Ihre Erfahrungen bei der Planung anderer Ereignisse (Fest, Urlaub, Seminarveranstaltung usw.) können hier hilfreich sein.

- Wenden Sie einmal Erlerntes in verschiedenen Situationen an.

  Zum Beispiel:

  Ein Kind verwendet farbige Tabellen zum Erlernen der chemischen Elemente. Eine ähnliche Tabelle könnte es auch für Jahreszahlen und Ereignisse in Geschichte nutzen.

  Eine Fortbildung für den besseren Umgang mit Arbeitskollegen könnte auch für Ihr Familienleben von Vorteil sein.

KAPITEL 5

Das Gedächtnis verbessern

Gedächtnistraining wird zunehmend wichtiger. Unsere Lebenserwartung ist gestiegen und wir sind täglich einer regelrechten Datenflut ausgesetzt. Wir müssen Passwörter, PIN-Nummern, Sicherheitscodes sowie Geburtstage, Jubiläen und Termine im Kopf haben.

Ein gutes Gedächtnis geht jedoch über das rasche Abrufen von Daten und Fakten hinaus. Ein gesteigertes Erinnerungsvermögen sorgt dafür, dass Ihr Gehirn in nahezu sämtlichen Lebensbereichen besser funktioniert: Sie erinnern sich mühelos an die Namen Ihrer Mitmenschen und können vergangene Erfahrungen in aktuellen Situationen nutzen. Ohne Erinnerungsvermögen wäre kein Lernen möglich, denn sobald Sie etwas gelernt hätten, hätten Sie es bereits wieder vergessen!

Das Gedächtnis ist ein unermesslich komplexes Gebilde. Ähnlich wie bei einem Eisberg befindet sich ein Großteil in unserem Unterbewusstsein. In diesem Kapitel zeige ich Ihnen viele nützliche Techniken, wie Sie Ihr Gedächchntis verbessern können.

28 Wie entsteht Erinnerung?

Unser Gehirn speichert häufig Informationen oder holt sie wieder hervor, ohne dass wir es bemerken. Jedes Mal, wenn Sie etwas empfinden, entstehen in Ihrem Gehirn elektrochemische Verbindungen. Diese Verbindungen hinterlassen eine Spur oder einen Pfad zwischen den Neuronen. Diese Pfade lösen eine Erinnerung aus. Je häufiger ein bestimmtes Muster an Verbindungen aktiviert wird, desto größer ist die Wahrscheinlichkeit, dass eine Erinnerung entsteht.

Es gibt unterschiedliche Gedächtnisarten. Am bekanntesten sind das Kurzzeitgedächtnis, das wir alltäglich nutzen, und das Langzeitgedächtnis. Doch es gibt auch implizites, explizites, prozedurales (Verhaltens-) und deklaratorisches Gedächtnis. Diese Arten unterscheiden sich in der Form der Erinnerung: Wie geht Fahrradfahren? Wie verständige ich mich in einer Fremdsprache? Wie erinnere ich mich an Fakten, etwa an den Untergang der Titanic im Jahre 1912, oder wie behalte ich meinen Heimweg im Gedächtnis? Häufig überschneiden sich diese Erinnerungsformen.

Die Erinnerung besteht aus drei Phasen: hervorrufen, speichern und abrufen. Jede dieser Phasen wird von Ihrem Gefühls- und Gesundheitszustand, Ihrer Aufmerksamkeit sowie von einer Reihe anderer Faktoren, die noch unvollständig erforscht sind, beeinflusst.

Erinnerungen hervorrufen

Vieles, was wir tun oder wahrnehmen, nimmt unser Gehirn gar nicht oder nur flüchtig auf. Würden wir uns an alle Belanglosigkeiten – die Kleidung eines Passanten, das Nummernschild des Autos vor uns – erinnern, unser Erinnerungssystem wäre hoffnungslos überlastet.

Das Kurzzeitgedächtnis speichert Informationen, die wir nur vorübergehend und im Alltag benötigen, etwa welche Unterlagen man morgens für das Büro mitnehmen sollte oder was man abends vorhat. Wichtige Informationen, die später noch gebraucht werden, werden im Langzeitgedächtnis abgespeichert.

Erinnerungen speichern

Sie sind fähig, eine Straße sicher zu überqueren, da Sie ein herannahendes Auto am Geräusch oder am Licht erkennen. Die Erinnerung an vergangene Erfahrungen versetzt Sie in die Lage, am Tonfall einer Stimme zu erkennen, ob der Sprecher wütend oder fröhlich ist. Viele Ihrer Erinnerungen warten in Ihrem Unbewussten darauf, hervorgeholt zu werden. Je älter wir werden, umso deutlicher wird unser Langzeitgedächtnis, während das Kurzzeitgedächtnis nachlässt. Erinnerungen sind nur dann nützlich, wenn sie abgerufen werden können. Die Fähigkeit, dies zu tun, hängt damit zusammen, wie wirksam sie eingeprägt wurden. Zu lernen, wie Sie Erinnerungen speichern können, ist grundlegend für den Prozess des Erinnerns.

Erinnerungen abrufen

Sie treffen einen alten Schulfreund und wissen seinen Namen noch, und wenn Sie einen einstigen Lieblingsplatz aufsuchen, ruft das eine Unmenge an Erinnerungen hervor. Es kann aber auch frustrierend sein, eine Erinnerung abrufen zu wollen – etwa, wenn einem der Name eines Liedes nicht einfällt oder wenn Sie im Laden stehen und nicht mehr wissen, welche vierte Sache Sie noch kaufen wollten. Es gibt drei Arten von Erinnerung:

Direkter Abruf:	Sie greifen auf Informationen aus einem Erinnerungsspeicher zurück; z.B. bei einem Test oder wenn Sie ein Lied auswendig singen.
Identifizierung:	Sie erkennen etwas wieder, wenn Sie es erneut sehen, hören oder lesen.
Rekonstruktion:	Nochmaliges Durchleben; diese Erinnerungsart wird von der Polizei zum Nachstellen einer Tat mit Zeugen verwendet.

Die Methode, wie Sie etwas speichern und abrufen, hängt davon ab, woran Sie sich erinnern möchten – beim Suchen Ihrer Brille gehen Sie anders vor, als wenn Sie sich ein historisches Ereignis ins Gedächtnis rufen wollen. Die folgende Übung zeigt Ihnen, wie Sie anhand von Gedächtnisstützen Muster und Verbindungen herstellen können. Danach lernen Sie, wie Sie Erinnerungen besser im Gedächtnis verankern und bei Bedarf abrufen können.

ÜBUNG 1: Eselsbrücken

Eselsbrücken sind jene praktischen Merksätze, deren Anfangsbuchstaben auf eine geordnete Liste von Wörtern hinweisen: Große Denker Arbeiten Ernsthaft für die Reihenfolge der Geigensaiten; Nie Ohne Seife Waschen für die Himmelsrichtungen.

Erfinden Sie selbst Eselbrücken für Fakten oder Listen, die Sie nicht vergessen möchten. Die Eselsbrücke für mein Autokennzeichen trifft immer mehr zu, je älter der Wagen wird: SWSG – So Weit So Gut!

ÜBUNG 2: Gedächtnisstützen

Einen Knoten in ein Taschentuch zu machen, um etwas nicht zu vergessen, ist eine Gedächtnishilfe, doch andere Assoziationen funktionieren besser. Versuchen Sie, sich gleichzeitig den Geburtstag und Namen Ihrer Freunde einzuprägen: Hugo Schmidt/5. April – vier Buchstaben für Hugo; April ist der vierte Monat; das S sieht wie eine Fünf aus.

Diese Methode funktioniert besonders gut bei Listen. Erfinden Sie zu den Artikeln, die sie besorgen müssen, eine Geschichte oder versehen Sie alle mit Adjektiven, die den gleichen Anfangsbuchstaben haben (feine Nudeln, frisches Brot, feiertäglicher Kuchen ...). Sie werden sehen: Je mehr Sie üben, desto besser wird Ihr Gedächtnis.

➤➤ Schritt 4: Die Sinne benutzen; Schritt 19: Den Kontext erkennen

29 Erinnerungen verankern

Wir stellen uns unser Gehirn gerne als Aktenschrank vor, in dem die Ordner nur darauf warten, mit den Ereignissen unseres Lebens gefüllt zu werden. Die Wirklichkeit ist aber wesentlich komplexer. Selbst in Zeiten modernster Computertomografien ist unser Wissen darüber, wie Erinnerungen gespeichert werden, sehr begrenzt. Alles, was wir wirklich wissen ist, dass viele Teile des Gehirns, z. B. der Hippocampus und die vorderen Gehirnlappen, bei der Speicherkapazität eine wichtige Rolle spielen.

Trotzdem wissen wir, dass das Gehirn Ereignisse nicht passiv speichert. Man kann die Wahrscheinlichkeit, dass eine Erinnerung gespeichert wird, durchaus beeinflussen. Die vier Gedächtnisregeln auf der folgenden Seite erläutern dies genauer. An eine ungeordnete Flut von Informationen kann man sich schlecht erinnern. Bringen wir Ereignisse oder Fakten jedoch in einen sinnvollen Zusammenhang, können wir uns eher daran erinnern.

Auch die Art, wie wir Informationen erhalten, ist wichtig. Es kann z. B. hilfreich sein, etwas aufzuschreiben und gleichzeitig laut auszusprechen. Studien haben ergeben, dass wir uns besser an Bilder als an Wörter erinnern.

Auch Gefühle sind wichtig. Die folgende Übung umfasst die vier Grundregeln für ein besseres Erinnerungsvermögen.

TECHNIQUE: Gedächtnisregeln

1 **Meist erinnern wir uns an die ersten und letzten Dinge**

Unterbrechen Sie öfter Ihre Arbeit an einem Projekt. So entstehen viele Anfänge und Enden.

Unterteilen Sie Sitzungen in kurze Abschnitte (viele Pausen).

Nennen Sie das, was sich der andere einprägen soll, am Anfang/Ende!

Bemühen Sie sich, Fakten, die mittendrin genannt werden, zu behalten.

2 **Es hilft, Muster und Verbindungen zu schaffen**

Erstellen Sie zu allem Gelernten Verbindungen. Verwenden Sie Eselsbrücken und Reime (s. Seite 97 und 104).

Stellen Sie Dinge um. Was passt zusammen? Sie könnten die Hauptpunkte einer Vorlesung mittels Ihrer eigenen Mind Map® zusammenfassen.

3 **Wir erinnern uns an seltsame Dinge**

Schaffen Sie private/seltsame Verbindungen und/oder ungewöhnliche Bilder, um etwas Herkömmliches in etwas Einprägsames zu verwandeln. (s. Seite 97 und 104)

4 **Regelmäßige Überprüfung hilft**

Wiederholen Sie regelmäßig, um etwas in Ihrem Gedächtnis zu verankern. Wenn Sie sich etwa an eine Reihe von Schlüsselwörtern erinnern wollen, wiederholen Sie diese eine Woche lang täglich zehn Minuten.

➤➤ Schritt 19: Den Kontext erkennen; Schritt 25: Mind Mapping®; Schritt 37: Umgang mit dem Altern

30 Wo, wann, warum?

Es ist eine Sache, sich etwas einzuprägen, und eine andere, es bei Bedarf abzurufen. Ist es Ihnen schon einmal passiert, dass Sie sich an den Geburtstag eines Freundes erinnert haben, nachdem dieser längst vorbei war? Oder dass Sie etwas so gut versteckt hatten, dass Sie es nicht mehr fanden?

Die Erinnerung kommt leichter, wenn wir nicht angestrengt nachdenken. Stress beeinträchtigt Ihr Gedächtnis, also entspannen Sie sich. Hören Sie beruhigende Musik. Oft wirkt auch das bekannte „Darüber-Schlafen“ – sagen Sie sich beim Zubettgehen, dass Sie sich erinnern wollen. Vielleicht fällt Ihnen das Gesuchte am nächsten Morgen wieder ein.

„Gedächtnis ist ein Tagebuch, das wir immer mit uns herumtragen.“

OSCAR WILDE (1854–1900)

Manchmal helfen auch Sinneseindrücke. Sicherlich haben Sie einmal erlebt, wie Sie ein bestimmter Geruch oder ein bestimmtes Geräusch in die Vergangenheit zurückversetzt hat oder wie ein bestimmtes Lied plötzlich alte Erinnerungen hervorrief. Sie können solche Auslöser nutzen, um Erinnerungen bewusst abzurufen, anstatt darauf zu warten, dass sie von selbst wiederkommen. Die Augen sind mächtige Sinnesorgane – wir erinnern uns leichter an Bilder als an Gehörtes oder Gelesenes. Die folgende Technik zeigt Methoden, bei denen Sie Bilder als Auslöser verwenden können.

TECHNIK: **Erinnerungen abrufen**

Schaffen Sie ähnliche Bedingungen wie zu dem Zeitpunkt, an dem Sie eine Erinnerung speicherten:

- Gehen Sie den Weg zurück. Das hilft oft, wenn Sie beim Betreten eines Raumes vergessen haben, was Sie dort eigentlich wollten.
- Führen Sie sich die Szene geistig vor Augen, indem Sie die Situation noch einmal durchleben. Diese Visualisierung erfordert Konzentration, Sie werden aber erstaunt sein, an wie viele Details Sie sich noch erinnern können.

Setzen Sie beim bewussten Abspeichern einer Erinnerung visuelle Mittel ein. Sie können Sie dann später leichter abrufen. Zum Beispiel:

- Wenn Sie einen Passanten nach dem Weg fragen, versuchen Sie, aus seiner Wegbeschreibung ein Bild zu machen. Ersetzen Sie „die zweite Straße links nach der Königsstraße" durch das Bild eines Königs, der eine Krone mit zwei Diamanten trägt. Wenn Sie später an das Bild denken, werden Sie sich an den Weg erinnern.

➤➤ Schritt 4: Die Sinne benutzen; Schritt 6: Entspannte Wachsamkeit; Schritt 22: Visualisierung

31 Wer?

Einer meiner Lehrer nannte jeden Schüler „Junge“. Entweder konnte er sich nicht an Gesichter erinnern oder – was wahrscheinlicher ist – er wollte nicht persönlich werden. Das Ergebnis war dasselbe: Wir dachten, er hielte nichts von uns. Eine Person mit ihrem Namen anzusprechen ist wichtig. Der Name identifiziert seinen Träger.

Wie gut erinnern Sie sich an Namen und Gesichter? Haben Sie schon einmal den Namen einer Person vergessen, kurz nachdem sie Ihnen vorgestellt wurde? Oder trafen Sie jemand, dessen Namen Ihnen partout nicht einfallen wollte? Einem Gesicht einen Namen zuordnen zu können, steht für soziale Kompetenz. Es hilft Ihnen im Umgang mit den Mitmenschen. Dadurch können Sie jemandem vermitteln, dass er bei Ihnen Eindruck hinterlassen hat.

Untersuchungen der Universität von Sussex zufolge erinnern sich Menschen besser an Gesichter der gleichen Altersgruppe oder desselben Geschlechts. Gelingt es uns also, eine Gemeinsamkeit oder Verbindung zwischen uns und dem anderen zu finden, erinnern wir uns leichter. Nachfolgend finden Sie Tipps, um sich Gesichter und Namen in unterschiedlichen Situationen einzuprägen. Notfalls sperren Sie einfach die Ohren auf. Vielleicht erwähnt ein Anwesender den entfallenen Namen!

TECHNIK: Namen/Gesichter

Probieren Sie Folgendes:

1 Achten Sie auf Details. Weist das Gesicht ungewöhnliche Merkmale auf? Ist die Nase lang oder eher knollig? Sind die Augen groß oder klein, die Lippen voll oder dünn? Hat die Person eine ausgefallene Frisur? Aber Vorsicht: Haarfarbe und -schnitt können sich ändern! Nun verbinden Sie diese Merkmale mit dem Namen der Person. Prägen Sie sich z. B. ein: „Sarah hat Knopfaugen" oder „Jan hat große Ohren".

2 Verwenden Sie Wörter mit gleichen Anfangsbuchstaben: Nicoles Narbe, Haralds Hakennase, Dagmars dunkles Haar.

3 Assoziieren Sie. Erinnert Sie das Gesicht an etwas? Ein Tier? Einen Filmstar? Eine Stimmung? Verbinden Sie den Namen mit der Assoziation.

4 Wiederholen Sie sofort den Namen, sobald Sie ihn erfahren. Sagen Sie: „Hallo, Paul" anstelle von nur „Hallo".

5 Erstellen Sie bei einem Meeting eine Sitzordnung mit Namen. Versuchen Sie, sich die Namen im Verlauf des Meetings einzuprägen.

6 Treffen Sie auf viele neue Menschen – bei einer Tagung oder einer Wohltätigkeitsveranstaltung –, besorgen Sie sich vorher eine Namensliste und üben Sie, sich Namen zu merken. Wenden Sie dann vor Ort oben beschriebene Techniken an und verbinden Sie Gesichter mit Namen. Prüfen Sie nach der Veranstaltung, an wie viele Namen und Gesichter Sie sich noch erinnern können.

32 Was?

Dreißig Tage haben September,
April, Juni und November.
Achtundzwanzig hat nur einer,
mehr als einunddreißig keiner.

Es wäre zu schön, wenn man alle Fakten so leicht behalten könnte wie die Tagesanzahl der Monate. Dieser Reim funktioniert, weil er auf einer Erinnerungstechnik basiert: Wiederholung, dabei dienen Rhythmus und Reim als Anhaltspunkte. Die erste und die letzte Information ist hervorstechend. Sich zu merken, wie viele Tage ein Monat hat, ist an sich eine langweilige Angelegenheit, durch diesen Kinderreim wird das Ganze kurzweiliger und leichter einprägsam.

In vielerlei Hinsicht setzt die Erinnerung an einen Umstand in dem Moment ein, in dem wir ihm zum ersten Mal begegnen. Sie müssen sich eingehend mit ihm beschäftigen, eine Verbindung zu ihm herstellen und ihm eine gewisse Bedeutung verleihen. Natürlich kann nicht jeder Fakt, den Sie behalten müssen, in einprägsame Reimform gebracht werden. Manchmal sind Sie gezwungen, eine Assoziation zu etwas erschaffen, an das Sie sich leichter erinnern. Die folgende Übung greift die Grundregeln von Seite 99 wieder auf. Mit ihrer Hilfe wird es Ihnen ein Leichtes sein, sich an Fakten zu erinnern.

TECHNIK: Nicht vergessen

1 **Wiederholen Sie Dinge, an die Sie sich erinnern wollen**

Wiederholen Sie neue Ausdrücke/Fakten/Zahlen stets mehrmals im Stillen, sobald Sie sie hören. Setzen Sie sich mit neuen Ideen/Vorstellungen zu einem späteren Zeitpunkt am selben Tag nochmals auseinander.

2 **Sorgen Sie für Gedächtnisstützen**

Verbinden Sie langweilige Fakten mit amüsanten oder einprägsamen Dingen. Malen Sie ein Bild. Machen Sie einen Reim/ein Akronym/eine Eselsbrücke – etwas, das die Erinnerung an die Sache auslöst, die Sie sich merken wollen.

3 **Nutzen Sie Anfang und Ende zu ihrem Vorteil**

Wenn Sie sich eine Reihe von Dingen merken wollen, greifen Sie die beiden wichtigsten heraus und stellen Sie sie an die erste bzw. letzte Stelle einer Liste. Beim nochmaligen Lesen der Liste sollten Sie zuerst den obersten, dann den untersten Punkt beachten.

4 **Schaffen Sie Verbindungen und Strukturen**

Verleihen Sie Zahlen, Daten oder Wörtern, die Sie sich einprägen wollen, eine besondere Bedeutung. Sammeln Sie verwandte Fakten, erstellen Sie eine Mind Map®, nehmen Sie einen Reim zu Hilfe („333 Bei Issos Keilerei") – alles, was für Sie eine Verbindung zu dieser bestimmten Sache darstellt.

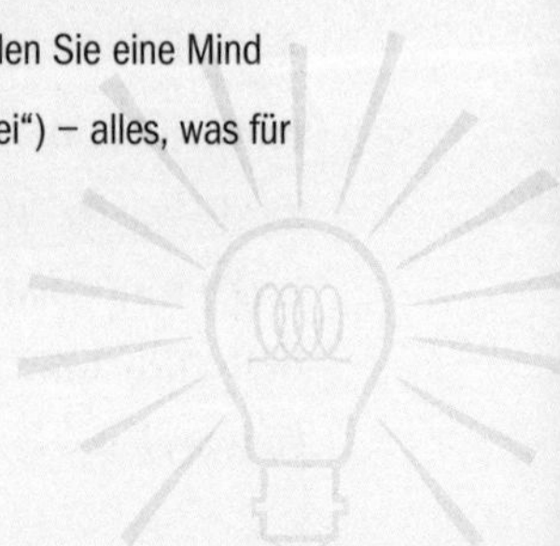

33 Gefühle zählen

Erinnerungen sind eng mit Gefühlen verbunden. Denken Sie nur an Ihren ersten Kuss oder daran, was Sie am 11.9.2001 gemacht haben.

Emotionen sind von vielen Sagen umwoben, und die Vorstellung, dass ein besonderer Teil des Gehirns für sie verantwortlich sei, ist weit verbreitet. Doch je mehr das Gehirn erforscht wird, umso bewusster wird uns, wie komplex es ist. Es gibt viele Komponenten, die dafür sorgen, dass Gefühle ausgelöst und verarbeitet werden – sie beeinflussen auch unsere jeweilige Stimmung. Aber wie beeinflussen Gefühle das Gedächtnis? Wut, Hochgefühle, Sehnsüchte, Trauer – Emotionen beeinflussen unser Handeln oder das, was um uns herum geschieht. Es sind die Gefühle, die einem Ereignis Bedeutung verleihen, deshalb können Sie sich auch an Ihren ersten Kuss erinnern.

Negative Gefühle können zwei gegensätzliche Reaktionen auslösen: Entweder sie brennen eine Erfahrung derart im Gedächtnis ein, dass sie für immer im Bewusstsein bleibt, oder ein Schutzmechanismus sorgt dafür, dass das Erlebte vollständig verdrängt wird. In weniger extremen Fällen kann ein negatives Gefühl wie z. B. Sorge Ihr Kurzzeitgedächtnis beeinträchtigen. Machen Sie sich Ihre Gefühle bewusst, damit sie für, und nicht gegen Ihr Erinnerungsvermögen arbeiten.

ÜBUNG: Gefühle im Griff haben

Lernen Sie, darauf zu achten, wie Sie auf Ereignisse emotional reagieren.

Vergangenheit

Welches sind die schönsten Erinnerungen an Ihre Kindheit, welches die schmerzhaftesten? Ist die Lebendigkeit dieser Erinnerungen aus heutiger Sicht unterschiedlich? Stellen Sie sich dieselben Fragen in Bezug auf das letzte Jahr.

Gegenwart

Was macht Sie privat glücklich, was bei der Arbeit? Wenn Sie sich Ihr Privat- und Arbeitsleben vor Augen führen, welche Gefühle beeinflussen Sie dann? Was beunruhigt Sie privat/im Job am meisten? Gibt es negative Gefühle, die Sie derzeit regelmäßig empfinden? Wie beeinflussen diese Ihre Erinnerung?

Zukunft

Welche negativen Gefühle würden Sie in Zukunft gerne in den Griff bekommen? Wie beeinflussen diese Ihre momentane Leistung? Was möchten Sie ändern? Konzentrieren Sie sich auf Ihre Gefühle. Mit welchen Worten könnten Sie sie beschreiben? Können Sie sie bildlich beschreiben? Wie fühlt es sich genau an? Distanzieren Sie sich nun von den Gefühlen. Spüren Sie, wie die Last abfällt. Betrachten Sie sie als etwas, das nicht länger Teil von Ihnen ist.

➤➤ Schritt 8: Widerstände überwinden; Schritt 22: Visualisierung

KAPITEL 6

Der Umgang mit Veränderungen

Wandel ist ein unvermeidbarer Teil des menschlichen Daseins. Jahreszeiten kommen und gehen. Unerwartetes passiert. Neue Dinge werden erfunden. Und doch fällt vielen von uns der Umgang mit Veränderungen schwer.

Die Welt ändert sich heutzutage derart rasant, dass wir kaum Schritt halten können. Der amerikanische Soziologe Alvin Toffler beschreibt das Tempo des Wandels als „völlig neue soziale Kraft – ein Strom an Veränderung, der so rasch fließt, dass er unser Zeitempfinden beeinflusst". Das lässt sich nicht bestreiten. Welthandel, Internet und digitale Technologien vermitteln den Eindruck, als gäbe es keinen Moment mehr, um Atem zu schöpfen.

Der technische Fortschritt zwingt uns, geistig beweglich zu bleiben. Was klug ist, hängt von der jeweiligen Gesellschaft ab, in der wir leben, doch wir sollten auch Strategien entwickeln, um die Emotionen, die Veränderungen auslösen, bewältigen zu können. In diesem Kapitel erfahren Sie etwas über den richtigen Umgang mit Wandel und wie Sie Ihr Verhalten ändern müssen, um in einer unsicheren Welt Erfolg zu haben.

34 Gefühle im Wandel

Sie wollen gerade aufbrechen, als das Telefon klingelt. Ein Freund sagt das gemeinsame Abendessen ab, weil er krank geworden ist. Ihre Firma teilt Ihnen mit, dass Ihr Büro in eine andere Stadt verlegt wird. Ihr Partner, der ein weiterführendes Universitätsstudium betreibt, möchte plötzlich etwas anderes tun und neue Leute treffen. Pläne ändern sich. Menschen ändern sich. Wie fühlen Sie sich dabei?

„Weder die stärkste noch die intelligenteste Spezies überlebt, sondern die anpassungsfähigste."
CHARLES DARWIN (1809–1882)

Veränderungen lösen Gefühle aus, häufig zunächst negative. Sind die Dinge sicher und vorhersehbar, geht es uns gut. Wir befolgen eine zuverlässige Routine und bewegen uns auf gut ausgetretenen Pfaden. Doch die Welt, in der wir leben, ist nicht statisch oder endgültig. Ständig werden wir durch Ungewisses und Neues herausgefordert, und jedes Mal, wenn das passiert, müssen wir irgendwie wieder von vorne anfangen. Wir entdecken etwas und stellen fest, dass es weitere Fragen aufwirft. Und je mehr wir über etwas wissen, desto mehr wird uns seine Komplexität bewusst.

Entwicklungsgeschichtlich gesehen gab es viele Gründe, warum Veränderungen starke Gefühle auslösen sollten: das plötzliche Versiegen einer Nahrungsquelle oder ein dramatischer Wetterwechsel stellten für unsere Vorfahren lebensbedrohliche Situationen dar, auf die sie reagieren mussten. Emotionen sorgten für die nötige Reaktion und sicherten das Überleben. Heutzutage müssen wir uns vielleicht mit anderen Veränderungen auseinandersetzen, doch diese fordern von uns die gleiche Flexibilität, Sinnesstärke und den gleichen Einfallsreichtum wie einst von unseren Vorfahren.

Wie heftig wir auf Wandel reagieren, hängt vorrangig von zwei Dingen ab: dem Ausmaß der Veränderung und inwieweit sie uns aufgezwungen oder freiwillig gewählt wurde. Bei aufgezwungener Veränderung empfinden wir meist wie folgt:

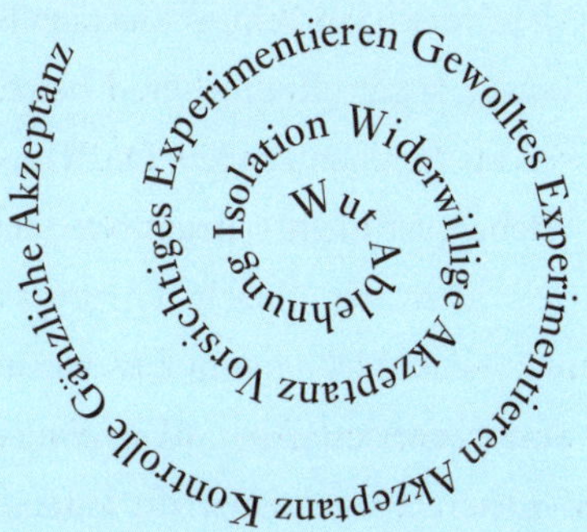

Überprüfen Sie, wie gut diese Spirale Ihre Gefühle bei einer tiefgreifenden Veränderung Ihres Lebens in der jüngsten Vergangenheit beschreibt. Was fühlten Sie, als Sie mit der Neuigkeit konfrontiert wurden? Die meisten Menschen werden wütend. Viele fühlen sich ungerecht behandelt und lehnen sich dementsprechend dagegen auf. Die nächste häufige Reaktion ist – bewusst oder unbewusst –, die Situation zu ignorieren, in der Hoffnung, sie würde vorübergehen. Das führt oft zu starker Isolation, besonders wenn Ihre Mitmenschen mit der Situation gut zurechtkommen.

Sobald Sie die Situation besser begriffen haben und anfangen, das Unvermeidliche zu akzeptieren, werden Sie sich – wenn auch widerstrebend – langsam vorantasten. Haben Sie versucht, sich auf die neue Situation einzustellen, Neues auszuprobieren oder sich anders zu verhalten? Häufig werden Sie durch Ausprobieren neue und manchmal effektivere Handlungsweisen entdecken. Fühlten Sie sich dadurch besser, sogar glücklicher? Hatten Sie das Gefühl, die Situation besser im Griff zu haben und für die Veränderung dankbar zu sein, nachdem Sie Ihre negativen Gefühle verarbeitet hatten?

Natürlich verlaufen Veränderungen nicht so formelhaft wie in der Spirale, sondern eher chaotisch. Aber wenn Sie sich auf das emotionale Abenteuer einlassen, wird Ihnen die anfangs schwierige und beängstigende Neuerung viel leichter fallen.

➤➤ Schritt 13: Ausdauer; Schritt 21: Das Problem finden; Schritt 26: Klarheit; Schritt 33: Gefühle zählen ; Schritt 51: Ziele setzen

TECHNIK: **Veränderungen annehmen**

Diese Vorschläge sollen Ihnen helfen, mit Gefühlen im Wandel umzugehen:

- Benennen Sie Ihre Gefühle. Wahrscheinlich möchten Sie sie lieber für sich behalten. Gefühle zu erkennen und zu benennen, hilft. Fragen Sie sich, warum Sie sich so fühlen und sprechen Sie mit Freunden und Familie darüber.
- Arbeiten Sie genau heraus, was diese negativen Gefühle auslöst. Wenn Angst oder Trauer Ihr Leben dominiert, werden Sie handlungsunfähig. Blicken Sie positiv in die Zukunft.
- Blicken Sie zurück. Vieles im Leben ist bereits da gewesen, nichts ist völlig neu. Erinnern Sie sich, wie Sie in der Vergangenheit ähnliche Situationen erfolgreich gemeistert haben.
- Seien Sie ehrlich. Veränderungen sind aufwühlend. Vielleicht stellen Sie sich selbst in Frage. Auch wenn sich die äußeren Umstände geändert haben, Sie sind noch Sie selbst – mit Ihrer eigenen Identität und Vergangenheit.
- Entwerfen Sie einen Schlachtplan. Je eher Sie dies tun, umso schneller werden Sie kreative Zukunftsideen entwickeln und dadurch das Gefühl haben, wieder Kontrolle zu erlangen. Lassen Sie sich viele Möglichkeiten offen. Zwei Optionen schaffen keine Alternative – bei mehr als zwei haben Sie wirklich die Wahl.

35 Verhalten ändern

Warum würden Sie Ihr Verhalten ändern wollen? Es gibt viele Gründe. Vielleicht rauchen oder essen Sie zu viel oder empfinden Ihr Leben als zu festgefahren. Dann wollen Sie durch eine Veränderung gesünder werden oder an Lebensqualität gewinnen. Vielleicht hängen Sie zu sehr am Alltagstrott und wollen frischen Wind in Ihr Leben bringe – sie könnten einen neuen Weg zur Arbeit ausprobieren, Ihren Urlaub einmal woanders verbringen oder Ihre Freizeit völlig neu gestalten.

Vielleicht wollen Sie auch alte Gewohnheiten ablegen. Wir handeln und sprechen allzu leicht nach einem bestimmten Verhaltensmuster: Sie reagieren schnippisch auf eine Frage des Partners; etwas geht zu Bruch oder funktioniert nicht und Sie verlieren die Nerven usw. Vielleicht möchten Sie eine Überzeugung aufgeben, an der Sie lange festhielten, weil Sie erkannt haben, dass Sie zu einem Verhalten führt, das Sie (oder Ihre Mitmenschen) stört.

Sollte Ihre Arbeit oder Beziehung unbefriedigend sein oder wenn Sie ein vages Gefühl der Leere empfinden, ist der Antrieb zu Veränderung wahrscheinlich subtiler, da er von einem Wunsch nach mehr Glück ausgelöst wird.

Manchmal werden uns Veränderungen aufgezwungen, und wir haben keine andere Wahl, als auf die äußeren Umstände zu reagieren.

Die Geburt eines Kindes etwa ist ein tiefer Einschnitt und Sie können nicht so weiterleben wie bisher. Wenn Sie Ihren Geist wirkungsvoll nutzen wollen, ist es wichtig, dass Sie sich an die Umstände anpassen.

Fassen Sie sich ein Herz! Veränderungen sind positiv! Von frühester Kindheit an änderten Sie Ihr Verhalten, wenn es negative Auswirkungen mit sich brachte – Sie berührten versehentlich eine heiße Herdplatte und zogen rasch die Hand zurück. Dies trifft nicht nur auf körperliche Erfahrungen zu. Erlerntes Verhalten beeinflusst unsere gesamte Handlungsweise und unsere Reaktion in nahezu allen vorstellbaren Situationen.

„Jeder will die Welt verändern, aber kein Mensch will sich selbst ändern."

LEO TOLSTOI (1828–1910)

Bis vor kurzem wussten wir nur wenig darüber, bis zu welchem Grad wir unser erlerntes Verhalten ändern können. Die Vertreter des Behaviorismus – einer psychologischen Denkrichtung – waren der Auffassung, dass es beinahe unmöglich sei, bestimmte Verhaltensweisen zu ändern. Dennoch sind einige unserer wichtigsten Institutionen, wie Schulen und Gefängnisse, darauf ausgerichtet, dass man Verhalten ändern kann. Werbefachleute, Rechtsberater, Eltern und Politiker sind eifrig darum bemüht, menschliches Verhalten zu ändern. Auch Sie sollten fest daran glauben, dass Veränderung möglich ist, wenn Sie Ihren Geist zu Höchstleistungen anspornen wollen, damit er sich mühelos anpassen kann.

In diesem Zusammenhang ist es sinnvoll, Ihr Verhalten als vierstufigen Ablauf zu betrachten. Erstens müssen Sie sich des Themas bewusst werden. Vielleicht haben Sie eine plötzliche Eingebung, dass Veränderung nötig ist, oder die Reaktion anderer macht Sie darauf aufmerksam. Vielleicht möchten Sie Ihr Verhalten tiefer analysieren, um herauszufinden, wann Sie sich wie verhalten und was der Auslöser dafür ist.

Zweitens müssen Sie die Veränderung wollen – bewusst Ja zu ihr sagen. Im Mittelpunkt stehen Ihre Werte und Ihre Überzeugung: Falls es Ihnen egal ist, wie viel Sie rauchen oder essen, werden Sie Ihre Gewohnheiten wahrscheinlich nicht ändern. Dasselbe gilt für den Umgang mit Ihren Mitmenschen: Wenn Sie Wutanfälle vermeiden wollen, müssen Sie davon überzeugt sein, dass Selbstkontrolle und die Gefühle Ihrer Mitmenschen wichtig sind.

Drittens bedarf es einer konkreten Vorgehensweise, um Worte in Taten umzusetzen. Idealerweise setzen Sie sich auf dem Weg zum übergeordneten Ziel kleinere Ziele, um sich selbst zu motivieren. Bleiben Sie realistisch, was den Zeitraum angeht – alte Gewohnheiten wird man nicht über Nacht los. Planen Sie Rückschläge mit ein.

Viertens müssen Sie den Plan umsetzen. Schreiben Sie ihn nieder und weihen Sie enge Freunde oder Familienmitglieder ein, so werden Sie eher daran festhalten. Diese werden Sie ermutigen, falls Sie aufgeben wollen.

TECHNIK: **Verhalten verbessern**

Anhand der folgenden vier Schritte können Sie versuchen, Verhaltensmuster aufzubrechen, die Sie stören. Nehmen wir an, Ihr Temperament beeinträchtigt Ihre Beziehung zur Umwelt (privat und beruflich).

1 Machen Sie sich das Problem bewusst. Ihr Partner oder ein Arbeitskollege hat angemerkt, dass Ihre Wutausbrüche unerträglich sind. Was genau macht Sie wütend? Wenn etwas kaputt geht? Wenn jemand hält einen Abgabetermin nicht einhält? Finden Sie heraus, warum Sie wütend werden. Sind Sie gestresst oder ist Ihre Reaktion einfach zur Gewohnheit geworden?

2 Beschließen Sie, sich zu ändern. Erstellen Sie eine Liste mit Gründen: „es ruiniert meine Beziehung"; „ich wirke lächerlich"; „ich kann mich dann selbst nicht leiden". Dies führt Ihnen vor Augen, warum Sie etwas ändern müssen.

3 Erstellen Sie eine Strategie. Sie könnten einfach langsam bis zehn zählen oder bewusst an etwas Lustiges denken, wenn Sie spüren, dass Sie wütend werden. Sie könnten auch Nahestehende bitten, Sie vorzeitig darauf aufmerksam zu machen, sollten Sie in alte Verhaltensmuster verfallen.

4 Halten Sie sich an die Strategie. Schreiben Sie sie nieder. Weihen Sie Freunde und Familie in Ihr Vorhaben ein, damit diese Sie dabei unterstützen können.

➤➤Schritt 9: Einstellungen anpassen; Schritt 13: Ausdauer; Schritt 41: Feedback geben und erhalten; Schritt 51: Ziele setzen

36 Geschehenes hinter sich lassen

Der irische Dramatiker George Bernard Shaw meinte einmal: „Vernünftige Menschen passen sich der Welt an. Unvernünftige Menschen versuchen, dass sich die Welt an sie anpasst. Deshalb hängt aller Fortschritt vom unvernünftigen Menschen ab." Darin liegt ein Körnchen Wahrheit. Damit sich etwas bewegt, braucht die Welt manchmal Menschen, die sich über Konventionen hinwegsetzen.

Der Schweizer Psychologe Jean Piaget wies als Erster darauf hin, dass wir durch Anpassung lernen. Wir nehmen etwas wahr, passen unser Denken – und dementsprechend unser Verhalten – daran an und entwickeln uns so weiter. Piaget beschrieb diesen Vorgang mit den Begriffen „Assimilation" und „Akkomodation". In der Praxis passen Sie Ihr theoretisches Wissen entweder der Erfahrung an (Akkomodation) oder Sie ordnen Ihre Erfahrung einer Theorie zu, die Sie bereits im Kopf haben (Assimilation).

Angenommen, Ihre Vorstellung von Management besteht darin, dass alle Manager unfähig sind. Dann treffen Sie auf einen, der extrem effektiv und qualifiziert ist. Nun können Sie entweder Ihre Meinung anpassen, indem Sie Ihre Vorstellung korrigieren – es gibt unfähige und fähige Manager. Oder Sie assimilieren die Erfahrung, bleiben bei Ihrer Ansicht und erklären die Begegnung mit der Begründung, Ausnahmen würden die Regel bestätigen.

Laut Piaget stellt Akkomodation die größere Herausforderung dar, da Sie Ihre Sichtweise auf die Welt revidieren müssen. Effiziente Denker wissen, dass Akkomodation eine Möglichkeit bietet, sich zu verändern und sein Weltbild neu zu überdenken.

Bei einschneidenden Veränderungen müssen Sie wahrscheinlich härter daran arbeiten, sich weiterzuentwickeln. Zwei typische Beispiele hierfür sind die Trennung von einem langjährigen Partner und der Verlust des Arbeitsplatzes. Assimilation beschreibt nur unzureichend, was in solchen Situationen geschieht, denn eine derartige Erfahrung stellt unser grundsätzliches Weltbild in Frage. Wir dachten, wir würden das ganze Leben mit einer Person verbringen, und jetzt wissen wir, dass dem nicht so ist. Wir dachten, wir hätten einen sicheren Arbeitsplatz, doch nun haben wir ihn unerwartet verloren. Wir können unser Denken nicht an unsere Erfahrung anpassen, da die Kluft dazwischen zu groß ist.

Akkomodation kann hier helfen, aber dann müssen Sie unbekanntes Terrain erkunden. Wenn Sie in der Lage sind, Ihre Sichtweise zu revidieren, werden Sie mit drastischen Lebensveränderungen besser zurechtkommen. Um eine Situation zu meistern, die Ihr Selbstwertgefühl derartig angreift, müssen Sie all Ihre Geisteskraft nutzen, um voranzukommen.

Eine gute Methode dabei ist, eine Geschichte zu erzählen. Genau betrachtet, generiert unser Geist jeden Tag Geschichten. Selbst die beim Abendessen gestellte Frage „Wie war dein Tag?“ wird wahrscheinlich eine Geschichte nach sich ziehen. Wenn Sie darüber nachdenken, wie Sie früher etwas getan haben, werden Sie vermutlich eine Art Erzählung daraus machen. Wenn Sie z. B. jemand nach Ihrem Beruf fragt, fällt es ganz leicht, eine Geschichte über sich selbst zu erzählen, etwa „Ich bin Autor und Motivationstrainer“. Danach führen Sie diese Aussage genauer aus, um zu veranschaulichen, was genau Sie tun.

Wenn Sie eine Geschichte über sich selbst erzählen, haben Sie die Kontrolle in der Hand. Sie verleihen Ereignissen eine persönliche Note. Bei einem einschneidenden Erlebnis ist es das Beste, daraus im Kopf eine klare, zusammenhängende Geschichte zu formen.

Die Aussage „Wir haben beschlossen, getrennte Wege zu gehen, weil wir zusammen nicht mehr glücklich sind“ kann sehr hilfreich sein, selbst wenn vielleicht ein Partner mehr Schuld an der Trennung hatte als der andere. „Ich habe für widget.com gearbeitet, doch die Firma wurde von globalgreed.com übernommen, deswegen verlor ich meinen Job“, erspart Ihnen, auf Ihre Mitwirkung am unfähigen Management einzugehen, das eventuell für die Übernahme mit verantwortlich war. Folgende Übung zeigt Ihnen, wie Sie in schwierigen Situationen das Positive hervorheben können.

➤➤Schritt 7: Optimismus; Schritt 13: Ausdauer; Schritt 26: Klarheit

ÜBUNG: Eine Geschichte klar erzählen

Sollten Sie sich momentan nicht in einer schwierigen Situation befinden, erfinden Sie etwas oder denken Sie an etwas, das Ihnen in der Vergangenheit zugestoßen ist.

1 Setzen Sie sich an einen ruhigen, bequemen Ort, an dem Sie ungestört sind. Atmen Sie einige Mal tief durch.

2 Denken Sie nun an die Situation. Wie fühlen Sie sich momentan? Wenn Sie die Sachlage schildern müssten, was würden Sie sagen? Gefällt Ihnen diese Beschreibung? Wirft sie vielleicht ein schlechtes Licht auf Sie oder lässt Sie wie ein Opfer dastehen?

3 Versuchen Sie, das Geschehene auf eine Art zu sehen, die Ihnen mehr Kontrolle über die Situation verschafft. Das ist für Ihr Selbstwertgefühl weniger schädlich. Stellen Sie sich zwei unterschiedliche Zuhörer vor: einen Journalist und eine Zufallsbekanntschaft. Versuchen Sie:
   - sich selbst gegenüber ehrlich zu sein
   - sich nicht für Dinge die Schuld zugeben, die außerhalb Ihrer Kontrolle liegen
   - mindestens einen positiven Aspekt/Ausgang auszudrücken
   - mehrere Erklärungen für das Geschehene zu finden

Üben Sie die Geschichte, bis Sie sie sich selbst und anderen erzählen können – dann sind Sie bereit, fortzufahren.

37 Umgang mit dem Altern

Haben Sie jemals „Alterserscheinungen“ an sich festgestellt, etwa mitten im Satz den Faden verloren? Oder machen Sie sich Sorgen, wie Sie oder Ihre Eltern im Alter zurechtkommen werden?

Vielleicht kennen Sie das Sprichwort: „Was Hänschen nicht lernt, lernt Hans nimmermehr.“ Die eigentlich gut gemeinte Aufforderung, mental aktiv zu bleiben, empfinden viele Menschen als drohenden Hinweis auf geistigen Verfall. Ungenutzte Gehirnzellen „verrotten“ aber nicht. Es stimmt zwar, dass wir vom Kindesalter an eine Art „neurale Auslese“ erfahren (das Ausschalten von überschüssiger Kapazität im Gehirn), doch es bleibt noch genügend übrig, mit dem wir arbeiten können. Also keine Panik!

Neueste Forschungsergebnisse sprechen von zwei Hauptphasen beim Alterungsprozess. Die erste beginnt mit etwa 50 Jahren, wenn unsere Fähigkeit, neue Verbindungen zu knüpfen, nachlässt. Die zweite findet etwa zwanzig Jahre später statt, wenn das Gedächtnis nachlässt. Dies bedeutet aber nicht, dass die Alterung mit 50 Jahren einsetzt. Je früher Sie etwas für Ihr Gehirn tun, umso besser. Bleiben Sie aktiv, und zwar sowohl geistig als auch körperlich.

➤➤ Schritt 5: Geistig und körperlich gesund bleiben

TECHNIK: **Aktivität**

Wenden Sie folgende Vorschläge an, um Ihre geistige Leistungsfähigkeit aktiv zu steigern.

- Lesen Sie viel und unterschiedliche Genres – z. B. Sachbücher und Belletristik. Haben Sie stets ein Buch bei sich. Werden Sie Mitglied in einer Leihbücherei. Treten Sie eventuell einem Literaturkreis bei, in dem Sie regelmäßig über das Gelesene diskutieren können.
- Bleiben Sie körperlich aktiv. Wenn Sie kein Freund von Fitnessstudios, Tennis oder Golf sind, gehen Sie mit anderen spazieren, machen Sie Tai Chi oder Yoga, vielleicht sogar Bauchtanz.
- Seien Sie sozial aktiv. Probieren Sie Aktivitäten aus, bei denen Sie neue Dinge und Menschen kennen lernen. Vermitteln Sie anderen Ihre Fähigkeiten.
- Reisen Sie. Neue Orte wirken sehr anregend auf den Geist.
- Fordern Sie Ihren Geist heraus. Machen Sie Puzzles, Kreuzworträtsel oder ein Quiz. Stellen Sie sich folgender Aufgabe: Gelingt es Ihnen, alle Punkte mit vier geraden Linien zu verbinden, ohne den Stift abzuheben (Lösung auf Seite 176)?

KAPITEL 7

Effektive Kommunikation

Vielleicht haben Sie die besten Ideen und den schärfsten Verstand auf der ganzen Welt. Wenn Sie Ihre Gedanken aber nicht mitteilen können, wird es sehr schwierig, Ihr Potenzial voll auszuschöpfen, und Sie werden andere nicht von Ihrem Standpunkt überzeugen können.

Wir glauben oft, wir würden mit jemandem kommunizieren, dabei haben wir lediglich etwas von uns gegeben. Dies gilt vor allem im Zeitalter von E-Mails: Die Betätigung des „Senden"-Knopfs will uns weismachen, wir hätten miteinander kommuniziert! Doch Kommunikation findet immer in zwei Richtungen statt. Woher wissen Sie, dass der Empfänger Ihre Nachricht überhaupt gelesen hat?

In diesem Kapitel lernen Sie, sich klar und deutlich auszudrücken, und wie wichtig es ist, aufmerksam zuzuhören. Sie erfahren auch, was passiert, wenn Sie gezwungen sind, zu widersprechen, und welchen Stellenwert ein Feedback hat.

38 Deutliche Erklärungen

Schlechte Erklärungen können frustrierend sein. Eine ungenaue Gebrauchsanweisung führt dazu, dass Sie Stunden damit verbringen, die Funktionsweise eines Geräts zu verstehen. Wird der Zweck eines Meetings nicht näher erläutert, sind die Teilnehmer irritiert.

Die amerikanische Psychologin Ellen Langer legte in einem Experiment die erstaunliche Macht des Wortes „weil“ dar. Sie bat Wissenschaftler, sich bei einer Schlange am Kopierer „vorzudrängen“. Die Frage „Entschuldigen Sie, ich habe nur fünf Seiten, kann ich die kopieren?“ zeigte zu 60 Prozent Erfolg. Die Frage „Entschuldigen Sie, ich habe fünf Seiten, könnte ich den Kopierer benutzen, weil ich es eilig habe?“ zeigte zu 94 Prozent Erfolg.

Die dritte Frage, „Entschuldigen Sie, ich habe fünf Seiten, könnte ich den Kopierer benutzen, weil ich kopieren muss?“, war zu 93 Prozent erfolgreich, obwohl kein wirklicher Grund angegeben wurde. Langer bewies, dass das Anbieten einer Erklärung, besonders wenn sie mit „weil“ anfängt, ein kluger Schachzug ist. Er führt dazu, dass Menschen großzügig reagieren und Sie unterstützen.

Angenommen, Sie erklären einem Kunden ein Geschäftsmodell. Wahrscheinlich reicht ein Satz allein als Erklärung nicht aus, dennoch wollen Sie sich klar ausdrücken. Es lohnt sich, sich eingehend damit zu beschäftigen, wie man einen Sachverhalt gut erklärt.

TECHNIK: **Sich selbst erklären**

Benutzen Sie diese sechs Fragen, wenn Sie eine Erläuterung vorbereiten.

1 Was wollen Sie dem anderen vermitteln oder was will der andere wissen? Berücksichtigen Sie den Standpunkt Ihres Gegenübers und überladen Sie es nicht mit Informationen.

2 Wie viel weiß der andere bereits? Seien Sie nicht überheblich, finden Sie – notfalls durch Nachforschungen – heraus, welchen Wissensstand der andere hat.

3 Worin besteht Ihr Hauptanliegen? Bringen Sie es auf den Punkt. Unterscheiden Sie klar zwischen Haupt- und Nebensache.

4 Was ist sonst noch wichtig? Welche Zusatzinformationen verdeutlichen Ihre Ausführung? Vielleicht ein ähnliches Beispiel, eine Analogie oder ein Sprichwort?

5 Wie gehen Sie mit Emotionen um? Machen Sie sich bewusst, dass die Art, wie Sie etwas sagen, etwas auslöst. Ein überraschter oder aufgewühlter Zuhörer wird nicht jedes Detail mitbekommen. Betrifft es ihn direkt, lassen Sie ihm Zeit, das Gesagte zu verarbeiten.

6 Welches Vokabular sollten Sie verwenden? Müssen Sie auf Grund des Themas oder der Zuhörer Fachbegriffe verwenden, tun Sie es. Ein kurzes Wort ist jedoch meist besser als ein längeres! Bedenken Sie: Der Ton macht die Musik.

➤➤Schritt 26: Klarheit; Schritt 41: Feedback geben und erhalten; Schritt 43: Sich in die Lage des anderen versetzen

39 Aufmerksames Zuhören

Der amerikanische Dichter Robert Frost schrieb: „Bildung bedeutet, sich nahezu alles anhören zu können, ohne dabei die Ruhe oder das Selbstvertrauen zu verlieren.“ Richtiges Zuhören ist eine Kunst, und die wenigsten beherrschen sie. Wie oft passiert es Ihnen pro Tag, dass Sie einen Satz nicht beenden können, weil Sie unterbrochen werden? Unterbrechen Sie vielleicht auch andere?

„Sprichst du, wiederholst du, was du ohnehin schon weißt. Hörst du zu, lernst du häufig etwas.“

JARED SPARKS (1789–1866)

Wenn Sie möglichst viel aus Ihrem Geist herausholen wollen, empfiehlt es sich, mehr zuzuhören und weniger zu sprechen. Allein durch aufmerksames Lauschen können Sie gute Ideen anderer aufnehmen. Und in Ruhe beschließen, auf die weniger guten zu verzichten! Zudem können Sie die Dinge von anderen Standpunkten aus betrachten. Es gibt zu viele Menschen, die durchs Leben gehen, ohne jemals zu wissen, was Ihre Mitmenschen denken, weil Sie sich nie die Zeit nehmen, nachzufragen.

Hören Sie bewusst zu, werden sich die Menschen öffnen. Zuhören gilt als Zeichen von Respekt, und dem, der zuhört, vertraut man mehr. Wenn Sie zuhören, anstatt sofort eine Gegenfrage zu stellen, bleiben Sie auf Grund der „Wartezeit“ wahrscheinlich sachlicher. Denken Sie daran: Zuhören geht schneller als sprechen!

TECHNIK: Ein besserer Zuhörer werden

Versuchen Sie Folgendes, um ein besserer Zuhörer zu werden.

- Halten Sie so oft wie möglich Augenkontakt zum Sprecher.
- Konzentrieren Sie sich auf den Inhalt und nicht auf die Art, wie jemand etwas sagt. Ein ausgeprägter Akzent, die Stimmlage oder der Tonfall können ablenken.
- Zeigen Sie Interesse und signalisieren Sie dem Sprecher, dass Sie ihm folgen, indem Sie zustimmende Laute von sich geben.
- Seien Sie geduldig und werfen Sie nicht zu viele Fragen ein.
- Stellen Sie sicher, dass Sie das Gesagte verstehen. Wiederholen Sie hin und wieder Bruchstücke und bitten Sie den Sprecher um mehr Details.
- Achten Sie auf Körpersprache. Eine offene Hand könnte bedeuten, dass man jetzt Ihre Reaktion erwartet. Weicht der Sprecher Ihrem Blick aus, will er wahrscheinlich nicht unterbrochen werden.
- Seien Sie mitfühlend. Ermutigen Sie den Sprecher, mehr zu erzählen, durch Sätze wie „Dadurch haben Sie wahrscheinlich gewusst, dass..."
- Versuchen Sie, gedanklich nicht abzuschweifen. Bleiben Sie aufmerksam, indem Sie sich stumm Fragen zu dem Gehörten stellen.
- Begreifen Sie Zuhören als geistige Herausforderung und freuen Sie sich, wenn es Ihnen gelingt.

►► Schritt 18: Urteilsvermögen; Schritt 41: Feedback geben und erhalten; Schritt 43: Sich in die Lage des anderen versetzen

40 Meinungsverschiedenheiten

Es liegt auf der Hand, warum viele Menschen einen Streit unangenehm finden. Wir wollen geliebt werden. Bei manchen ist dieser Wunsch derart ausgeprägt, dass sie Meinungsverschiedenheiten um jeden Preis vermeiden.

Natürlich ist der Umgang mit Konflikten nicht leicht. Letztlich hat die Menschheit aufgrund von zwei primitiven Instinkten überlebt. Wir sind so programmiert, dass wir in Konfliktsituationen entweder fliehen oder kämpfen. Viele Radio- und Fernsehsendungen, die zur Hauptsendezeit ausgestrahlt werden, führen rohe Gewalt und grobe Unhöflichkeit als Negativbeispiel für eine Streitkultur an. Uneinigkeiten zu umgehen mag zunächst als wünschenswerter Charakterzug erscheinen, in Wirklichkeit aber hindert er uns daran, Neues zu entdecken. Ohne die Auseinandersetzungen in der Wissenschaft wüssten wir wahrscheinlich immer noch nicht, dass die Erde rund ist.

Es gibt viele Gründe, unterschiedlicher Meinung zu sein. Wir denken, jemand irrt sich. Wir denken, dass das, was uns als einzige Lösung präsentiert wird, nur eine von vielen ist. Manche Argumente erscheinen uns zu emotional oder zu dünn. Oder wir sind grundsätzlich einverstanden, können aber die Schlussfolgerungen nicht akzeptieren. Auseinandersetzungen lassen sich nicht immer vermeiden, doch wir können lernen, klug mit ihnen umzugehen.

ÜBUNG: **Streitkultur**

Um Meinungsverschiedenheiten gut zu meistern, müssen Sie üben. Bitten Sie einen Freund oder ein Familienmitglied um Hilfe. Wählen Sie ein kontroverses Thema – z. B. aktuelle Politik, Umwelt oder soziale Fragen. Nehmen Sie gegensätzliche Standpunkte ein und wenden Sie dabei folgende Technik an.

- Zeigen Sie dem anderen, dass Sie seine Meinung respektieren.
- Weisen Sie höflich auf falsche Fakten hin. Werden Sie nicht grob.
- Stärken Sie Ihre Position durch Statistiken und Beispiele.
- Bieten Sie alternative Erklärungen.
- Seien Sie humorvoll, wenn Sie Dinge genauer erklären. Sich über sich selbst lustig machen, sorgt für gute Stimmung und beleidigt niemanden.
- Bleiben Sie sachlich! Sollten Sie emotional werden, halten Sie inne und warten Sie, bevor Sie weitersprechen.

Verwenden Sie während der Übung folgende Phrasen:

„Ich bin etwas anderer Meinung..."
„Sie haben Recht, aber..."
„Das ist eine möglich Sichtweise..."

„Ich verstehe, was Sie meinen, aber..."
„Ich bin mir nicht sicher, ob die Sache so einfach ist..."

➤➤ Schritt 15: Zeit für Gedanken; Schritt 21: Das Problem finden; Schritt 38: Deutliche Erklärungen; Schritt 47: Umgang mit Konflikten

41 Feedback geben und erhalten

„Sorgen Sie dafür, jemanden zu haben, der Ihnen regelmäßig ein wohl überlegtes Feedback gibt“, so Warren Bennis, amerikanischer Management-Guru. Ohne Reaktion Ihrer Umwelt sind Sie dazu verdammt, jeden Tag dieselben Fehler zu machen. Feedback verschafft Ihnen wertvolle Hinweise, und wenn Sie diese Informationen akzeptieren und verarbeiten, werden Sie aus Ihren Fehlern lernen und Ihre Lernfähigkeit verbessern.

Angenommen, Sie haben ein erfülltes Arbeitsleben, doch Ihren Partner oder Ihre Familie sehen sie nur selten, und wenn, dann sind Sie so müde, dass Sie unausstehlich sind. Ein enger Freund beobachtet das Ganze und passt den richtigem Moment ab, um Ihnen ein Feedback zu geben.

Er weist Sie vorsichtig darauf hin, dass Ihr Partner bedrückt wirkt und dass er sich Sorgen um Ihre Beziehung macht. Er fragt sich, ob es wirklich nötig ist, so viel zu arbeiten. Nichts von dem, was Ihr Freund sagt, ist kritisch oder böswillig, er hält Ihnen lediglich einen Spiegel vor. Natürlich gefällt Ihnen nicht, was Sie sehen. Obwohl es unangenehm ist und Sie sogar wütend und abwehrend reagieren, beschließen Sie, einige grundlegende Veränderungen vorzunehmen.

Diese Art, auf ein Feedback zu reagieren, lässt sich auf alle Lebensbereiche übertragen. Resonanz auf Ihr Verhalten kann Aufmerksamkeit auf Dinge lenken, die Sie sonst gar nicht mehr wahrnehmen würden. Sie kann aufrütteln und Sie vor einer Entwicklung bewahren, die zu irreparablen Schäden führen könnte.

Feedback ist auch nach einem Ereignis hilfreich, vor allem, wenn etwas nicht so gut lief, wie Sie gehofft hatten. Leider kann es in solchen Situationen auch schwer sein, Feedback zu bekommen, da sich niemand gerne als Versager fühlt, und ein Feedback nach einer Niederlage verstärkt dieses Gefühl natürlich. Aber vergessen Sie nicht, dass Fehler wichtiger Teil des Lernprozesses sind.

Es gibt vielerlei Gründe, die es schwierig machen, ein Feedback zu geben. Sie stehen jemandem sehr nahe und haben Angst, dass Ihre Äußerungen die Freundschaft oder Beziehung gefährden könnten. Die Person, der Sie etwas mitteilen möchten, ist vielleicht Ihr Chef oder Sie vermuten, Ihre Resonanz würde eine starke emotionale Reaktion auslösen.

360°-Feedback

Einige Unternehmen haben den enormen Wert von Feedback erkannt und das so genannte 360°-Feedback eingeführt. Wie der Name andeutet, geht es um Feedback von allen Seiten: von Ihrem Chef, Ihren Kollegen, Ihrer Abteilung und Ihren Kunden. Dieses Feedback ist in mehrfacher Hinsicht hilfreich. Erstens können Sie sich so sehen, wie die anderen Sie wahrnehmen. Zweitens liefert es Ihnen konkrete

Ansätze zur persönlichen Weiterentwicklung. Drittens erscheinen Sie dadurch in einem sehr positiven Licht. Andere Leute zu bitten, Ihnen die Meinung über sich zu sagen, zeigt, dass Sie aus Ihren Fehlern lernen möchten, dass Sie Kritik gegenüber offen sind und dass Sie die Meinung Ihrer Mitmenschen schätzen. Natürlich sollten Sie auch alle Mitglieder Ihrer eigenen Familie um Feedback bitten!

TECHNIK 1: **Feedback empfangen**

Beachten Sie folgende Punkte, bevor Sie ein Feedback erhalten.

- Vergewissern Sie sich, dass Sie bereit dafür sind. Wenn Sie noch einen Moment brauchen, um sich darauf einzustellen, verschwinden Sie kurz auf die Toilette oder holen Sie sich ein Glas Wasser. Wenn Sie sich unsicher oder verletzlich fühlen, sagen Sie, dass dies nicht der richtige Moment sei, und einigen Sie sich auf einen späteren Zeitpunkt.
- Hören Sie zu, anstatt sich sofort zu verteidigen.
- Bleiben Sie ruhig!
- Danken Sie dem anderen für das Feedback – vielleicht fiel es auch ihm schwer.

►► Schritt 16: Bilanz ziehen; Schritt 17: Fehler sind gut; Schritt 38: Deutliche Erklärungen; Schritt 39: Aufmerksames Zuhören; Schritt 43: Sich in die Lage des anderen versetzen

TECHNIK 2: Feedback geben

Versuchen Sie meine **PPR**-Methode, um ein Feedback zu geben.

P Seien Sie **p**räzise. Konzentrieren Sie sich auf einen bestimmten Moment oder Vorfall. Beschreiben Sie genau, was Sie beobachtet oder gefühlt haben. Seien Sie konstruktiv. Schlagen Sie einige Alternativen vor, die dem Charakter der Person entsprechen könnten oder wie diese zukünftig damit umgehen könnte.

P Bleiben Sie **p**raktisch und realistisch. Es ist nicht sehr hilfreich, jemandem vorzuschlagen, besser mit E-Mails umzugehen, wenn er keinen Internetzugang hat.

R Handeln Sie **r**asch. Geben Sie Ihr Feedback möglichst bald nach dem Ereignis. Je mehr Zeit vergeht, desto unwichtiger, irritierender oder belangloser könnten Ihre Kommentare wirken. Alle Beteiligten können dann auch rascher fortfahren und vergessen, was schief ging.

Es ist hilfreich, Folgendes zu beachten:

- Konzentrieren Sie sich auf das Verhalten und nicht auf den Charakter.
- Vergewissern Sie sich, dass der Empfänger bereit für Ihr Feedback ist (wenn er unter Druck steht oder auf dem Weg zu einem Termin ist, ist es wahrscheinlich nicht der beste Moment).
- Sprechen Sie zumindest zwei konkrete, aufrichtige Komplimente aus, bevor Sie etwas sagen, was als Kritik aufgefasst werden könnte.

42 Vor Publikum sprechen

Haben Sie schon einmal eine schlaflose Nacht verbracht, weil Sie am nächsten Tag in der Firma eine Rede halten mussten? Oder sahen Sie einem Familienfest mit Unbehagen entgegen, weil Sie einige Worte sprechen mussten? Die meisten von uns kennen dieses Gefühl. Es ist ganz natürlich, nervös zu sein, wenn man öffentlich sprechen muss.

Was geht in Ihnen vor? Hier sind zwei widerstreitende Kräfte am Werk: Ihr rationales Denken ist bestrebt, Worte sinnvoll zusammenzufügen, und gleichzeitig spielen Ihre Gefühle verrückt.

Sie stehen im Rampenlicht, fühlen sich zur Schau gestellt und stark beansprucht. Folglich erstarren viele Menschen, empfinden öffentliches Sprechen als beunruhigend und schwierig. Sorgfältige Vorbereitung ist der Schlüssel zum Überwinden von Lampenfieber und damit zum Erfolg. Atmen Sie vor Beginn Ihrer Rede einige Male tief durch und halten Sie ein Glas Wasser bereit. Stellen Sie möglichst Augenkontakt zu Ihrem Publikum her. Bitten Sie direkt nach der Rede um Feedback und notieren Sie alles, was Sie das nächste Mal anders machen möchten.

➤➤ Schritt 25: Mind Mapping®; Schritt 28: Wie entsteht Erinnerung?; Schritt 29: Erinnerungen verankern; Schritt 31: Wer?; Schritt 32: Was?; Schritt 41: Feedback geben und erhalten

CHECKLISTE: **Eine Rede vorbereiten**

Diese Hinweise helfen Ihnen, eine Rede erfolgreich vorzubereiten.

- Finden Sie heraus, wer Ihr Publikum ist und wie lange Sie sprechen sollen.
- Legen Sie Inhalt und Aufbau fest. Halten Sie die Rede einfach und beschränken Sie sich auf einige Hauptpunkte. Verwenden Sie eine Mind Map® zur Ausarbeitung. Prägen Sie sich Schlüsselwörter ein oder schreiben Sie sie auf Karteikarten.
- Konzentrieren Sie sich auf Anfang und Ende der Rede. Ein guter Anfang wäre, sich selbst vorzustellen, einen kurzen Überblick zu geben, eine lustige Begebenheit zu erzählen, um Aufmerksamkeit zu erwecken oder eine spezielle Verbindung zu dem Ort der Rede oder Ihrem Publikum zu schaffen. Schreiben Sie die ersten beiden Sätze nieder. Das vermittelt Ihnen Sicherheit. Eine Zusammenfassung in einem Satz ist ein gutes Ende für Ihre Rede. Beenden Sie sie auf jeden Fall mit einer positiven Aussage.
- Wenden Sie die Grundregeln in Schritt 29 an, um sich Schlüsselwörter zu merken.
- Geht es um Namen, Fakten oder Statistiken, wenden Sie Schritt 31 und 32 an.
- Vielleicht möchten Sie visuelle Hilfsmittel wie Flip Chart oder Videos verwenden: Sie sorgen für Abwechslung und dienen als Gedächtnishilfe.
- Üben Sie die Rede vor dem Spiegel oder einem Freund und stoppen Sie die Zeit.

KAPITEL 8

Erfolgreich Verhandeln

Klugheit allein reicht nicht aus, um im Leben erfolgreich zu sein. Sie müssen andere von Ihren Qualitäten überzeugen. Deshalb müssen Sie erstklassige Verhandlungsfähigkeiten entwickeln.

Vielleicht glauben Sie, der brillanteste Kopf der ganzen Welt zu sein und für jedes Problem die beste Lösung parat zu haben. Leider sind aber nicht alle Ihrer Meinung. Tatsächlich sind Ihre Mitmenschen häufig anderer Ansicht oder lehnen Ihre Sichtweise völlig ab. Trifft dies zumindest teilweise auch auf Sie zu? Falls ja, ist folgendes Kapitel besonders hilfreich.

In den nächsten Schritten lernen Sie, Mitgefühl zu empfinden und vorauszuahnen, was andere möglicherweise denken und fühlen. Dieses Kapitel erklärt den wechselseitigen Charakter von Beziehungen und wie Sie Menschen derart beeinflussen können, dass sich jeder als Gewinner fühlt. Es wird nicht immer leicht sein, doch selbst wenn es zu einem Konflikt kommen sollte, können Sie daran arbeiten, ihn besser zu bewältigen.

43 Sich in die Lage des anderen versetzen

Ein indianisches Sprichwort besagt, man soll den anderen nicht verurteilen, bevor man nicht „zwei Monde lang in seinen Mokassins gelaufen sei". Mit anderen Worten, Sie müssen die Dinge aus dem Blickwinkel des anderen betrachten, bevor Sie sich eine Meinung über ihn bilden können. In erster Linie geht es um die Fähigkeit, sich in die Lage einer anderen Person zu versetzen.

In der heutigen egozentrischen Gesellschaft neigt man dazu, die Dinge ausschließlich vom eigenen Standpunkt aus zu betrachten. Das ist allerdings keine liebenswerte Eigenschaft! Mitfühlende Menschen gewinnen und halten leicht Freundschaften, können Lösungen erkennen, wo andere keine sehen, überzeugen in Diskussionen und entwickeln kreative Ideen. Wenn Sie Menschen für sich gewinnen wollen, ist es sinnvoll, zuzuhören und Fragen zu stellen, anstatt über sich selbst zu reden. Wenn Sie herausfinden wollen, warum Ihr Sohn weint, müssen Sie sich (im wahrsten Sinn des Wortes) auf sein Niveau begeben, um zu erkennen, woran er sich den Kopf gestoßen hat. Sie können jemanden nur überzeugen, wenn Sie dabei auch dessen Bedürfnisse berücksichtigen. Auch bei der Entwicklung von großartigen Ideen sollten Sie Ihre selbstsüchtigen Belange zurückstellen.

►► Schritt 39: Aufmerksames Zuhören; Schritt 41: Feedback geben und erhalten

ÜBUNG: Was denken die anderen?

Probieren Sie folgende drei Methoden. Versuchen Sie, jedes Mal: „Ich bin sicher, er/sie fühlt/denkt..." zu sagen. Wie oft können Sie den Satz vervollständigen?

Rollenspiel

Tauschen Sie mit einem guten Freund für zehn Minuten die Rollen, und zwar bei einer herkömmlichen, gemeinsamen Unternehmung – beim Spaziergang, Einkauf, Café-/Museumsbesuch. Versuchen Sie, Gestik, Tonfall und Bewegungen des anderen anzunehmen. Wie erging es Ihnen? Bitten Sie einander um Feedback.

Genaue Betrachtung

Beobachten Sie Personen bei einer schwierigen Situation. Zum Beispiel einen Kollegen, der während einer Sitzung unter Druck gerät, oder Sie verfolgen eine hitzige Diskussion. Sehen Sie genau hin. Wie vertreten die anderen ihren Standpunkt, wie gehen sie auf Fragen ein? Wie würde einer Ihrer Freunde anstelle der Person reagieren? Schildern Sie diesem Freund die Situation und stellen Sie fest, ob Sie sein Verhalten richtig eingeschätzt hätten.

Zeitung lesen

Stellen Sie sich beim Lesen eines Artikels vor, was die erwähnten Personen empfinden. Wie erlebt ein Geschäftsmann, ein Vater/eine Mutter oder ein Tourist ein schweres Unwetter, von dem berichtet wird? Wie sehen die unterschiedliche Sorgen und Nöte aus?

44 Gegenseitigkeit

Je mehr Sie geben, desto mehr empfangen Sie. Dieser Grundsatz trifft auf Partner, Freunde und Arbeitskollegen zu. Wenn Sie Ihren geistigen Horizont erweitern wollen, sollten Sie für Gedankenaustausch sorgen. Vier Augen sehen mehr als zwei! Je stärker Sie Ihre Beziehungen auf Gegenseitigkeit aufbauen, desto mehr erfahren Sie über das Ideengut des anderen.

Jede erfolgreiche Beziehung verlangt Investition. Das bedeutet in erster Linie, auf die Bedürfnisse des anderen einzugehen und sie zu verstehen. Es bringt nichts, mit einem Blumenstrauß anzukommen, wenn der andere einfach Zeit mit Ihnen verbringen und etwas besprechen will.

> *„Gebet, so wird euch gegeben werden."*
> LUKAS 6,38

Denken Sie an eine wichtige Beziehung in Ihrem Leben. Sollten Sie sich nur mühsam daran erinnern, wann Sie dieser Person das letzte Mal Ihre Wertschätzung gezeigt haben, ist die Beziehung wahrscheinlich recht einseitig!

Was können Sie also tun, um jemandem zu zeigen, dass Sie ihn schätzen und sich bemühen, auf ihn einzugehen?

Erstens: Sie müssen ihm das Gefühl geben, wahrgenommen zu werden. Sich unsichtbar zu fühlen, ist nicht lustig. Beobachten Sie die Person, nehmen Sie ihre Gesten und Handlungen, den Kleidungsstil sowie neue Angewohnheiten wahr – alles, was Ihnen mehr über sie verrät. Zweitens: Nehmen Sie sich Zeit für den anderen. Die Art, nicht die Dauer der Aufmerksamkeit ist ausschlaggebend, auch wenn Sie gerade viel zu tun haben. Zehn Minuten ungeteilte Aufmerksamkeit sind oft besser als mehrere Stunden, die man halbherzig mit jemandem verbringt.

Drittens, bieten Sie Hilfe an, bevor Sie gefragt werden. Wenn Sie die Bedürfnisse des anderen vorweg nehmen, werden Sie noch mehr geschätzt. Vielleicht hatte Ihr Partner einen hektischen Tag, dann könnten Sie ihm den Einkauf abnehmen. Oder Sie bereiten für einen gestressten Chef/Arbeitskollegen ein Meeting vor, bevor dieser danach verlangt. Sie sollten allerdings realistisch bleiben. Ein nicht eingehaltenes Versprechen verschlimmert alles.

Doch nicht nur Geben ist wichtig: Auch die Art, wie Sie auf Bemühungen des anderen, reagieren, ist wichtig. Seien Sie dankbar für Zuwendung und Unterstützung. Vielen Menschen sind Komplimente unangenehm, und manchmal wünscht man sich, man hätte lieber nichts gesagt. Üben Sie passende Antworten, etwa: „Das ist sehr freundlich“ oder „Schön, dass Sie so denken“. So vermeiden Sie, das Kompliment zurückzuweisen. Außerdem zeigen Sie damit dem anderen, dass er Ihnen Freude bereitet hat.

➤➤ Schritt 18: Urteilsvermögen; Schritt 39: Aufmerksames Zuhören; Schritt 43: Sich in die Lage des anderen versetzen

45 Durchsetzungsvermögen

Haben Sie sich schon einmal gewünscht, Ihr Chef würde Ihre Vorschläge bereitwilliger annehmen? Oder haben Sie sich gefragt, wie Sie Ihren Partner von Ihrer Sichtweise überzeugen können? Vielleicht haben Sie auch das Gefühl, von Ihren Kindern nicht ernst genommen zu werden, die Sie regelmäßig um den Finger wickeln, um etwas zu bekommen. Viele Menschen würden sich gerne besser durchsetzen können. Sollte das auch auf Sie zutreffen, dann sollten Sie die folgenden Seiten aufmerksam lesen.

Geben und Nehmen

Warum bekommen Sie im Supermarkt Gratisproben? Warum enthalten illustrierte Zeitschriften häufig kleine Geschenke? Warum servieren Restaurants mit der Rechnung ein Getränk auf Kosten des Hauses? Man nennt dies das Prinzip der Gegenseitigkeit: Wie du mir, so ich dir!

Jeder von uns hat sich schon einmal in solch einem Viehhandel versucht: „Hilfst du mir beim Abwasch, fahre ich dich in die Stadt.“ Das Prinzip der Gegenseitigkeit kann aber auch auf viel subtilere Weise angewandt werden. Ihr Kind bereitet unaufgefordert eine Tasse Tee für Sie zu. Was passiert? Sie sind erfreut und werden ihm bei der nächsten Gelegenheit wahrscheinlich eher einen Gefallen tun. Überlegen Sie, wie das in die andere Richtung funktionieren könnte. Es kann Vorteile mit sich bringen, jemandem einen Gefallen zu tun, ohne eine unmittelbare Gegenleistung zu erwarten.

Fragen Sie

Manchmal müssen Sie einfach nur fragen. Wenn Sie eine Frage stellen, wird sich Ihr Gegenüber automatisch mit der Lösung des Problems und somit mit Ihrer Sicht der Dinge auseinandersetzen. Telefonverkäufer wenden diese Taktik ständig an. Wollten Sie nicht schon immer obdachlose Kinder unterstützen? Könnten Sie kurz Ihre Arbeit unterbrechen? Durch Fragen können Sie mit jemandem einen Dialog beginnen und Ihr Anliegen unauffällig zur Sprache bringen.

Möchten Sie das nächste Mal jemanden davon überzeugen, etwas zu tun, notieren Sie vorher gut durchdachte Fragen, die den anderen dazu bringen, die Dinge aus Ihrer Sicht zu sehen.

Der Kontrast-Faktor

Nach der Dunkelheit eines Theatersaals erscheint sogar die Abenddämmerung hell. Nach einer eiskalten Dusche wird Ihnen lauwarmes Wasser heiß vorkommen. Kontraste können hilfreich sein, um sich besser durchzusetzen. Verkäufer wissen das. Deshalb bieten Sie Ihnen Schuhcreme an, nachdem Sie ein Paar teure Schuhe gekauft haben. Da Sie ohnehin bereits viel Geld ausgegeben haben, wirkt die Schuhcreme wie ein Schnäppchen! Warum zeigt Ihnen ein Makler ein Haus, das in keinster Form Ihren Vorstellungen entspricht? Weil Sie anschließend wahrscheinlich jedes Haus, das auch nur ein bisschen besser ist, nehmen möchten!

Wenden Sie diese Taktik an, wenn Sie jemanden um einen Gefallen bitten. Bitten Sie zunächst um etwas Großes, das Sie nicht unbedingt benötigen und das der andere nicht erfüllen kann. Stellen Sie dann Ihre eigentliche Bitte. Wahrscheinlich wird Ihr Wunsch erfüllt werden.

Gutes Gefühl

Denken Sie an Menschen, die scheinbar immer bekommen, was sie wollen. Wahrscheinlich haben sie alle eine Gemeinsamkeit: Sie wissen, wie wichtig es ist, dass sich derjenige, von dem sie etwas wollen, gut fühlt. Die meisten von uns reagieren positiv auf Schmeicheleien. Geschickt angebrachte Komplimente, die nicht zu übertrieben sind, steigern das Selbstbewusstsein, etwa über das Aussehen oder die geleistete Arbeit. Sie fühlen sich besser, und das färbt scheinbar ab. Verhilft Ihnen jemand zu guter Laune, werden Sie ihm eher einen Gefallen tun.

➤➤ Schritt 38: Deutliche Erklärungen; Schritt 44: Gegenseitigkeit; Schritt 46: Win-Win-Lösungen

TECHNIK: **Wie man sich durchsetzt**

Um sich erfolgreich durchzusetzen, müssen Sie sich zunächst darüber im Klaren sein, was Sie wollen. Sie können dann verschiedene Methoden anwenden. Probieren Sie zum Beispiel Folgendes:

- Bieten Sie einen Handel an. Was liegt dem anderen am Herzen? Machen Sie gegebenenfalls kleine Zusprüche, dann wird der andere eher geneigt sein, Ihnen das Gewünschte zu geben.
- Appellieren Sie an das Gefühl. Verwenden Sie Phrasen wie: „Wenn du mir nur dieses eine Mal helfen könntest, wäre ich dir sehr dankbar."
- Schmeicheln Sie der Person, die Sie überzeugen möchten, bleiben Sie aber realistisch und aufrichtig.
- Geben Sie eine genaue Erklärung. Etwas mit „weil" zu erklären ist besser, als einfach etwas zu verlangen, es stärkt Ihre Überzeugungskraft.
- Bitten Sie zuerst um einen schwierigen, großen Gefallen – etwas, von dem Sie nicht erwarten, es zu bekommen. Stellen Sie dann die eigentliche Bitte.
- Erwecken Sie beim anderen Interesse an einem guten Ergebnis, bevor Sie versuchen, ihn zu überzeugen.
- Unterstützen Sie Ihre Aussage mit Fakten.
- Sprechen Sie so, dass Sie verstanden werden.
- Seien Sie höflich, hören Sie zu, fühlen Sie sich ein. Dadurch schaffen Sie eine gute Beziehung zum anderen, der Ihre Anfrage dadurch eher akzeptieren wird.

46 Win-Win-Lösungen

Der Ausdruck „Win-Win“ ist relativ neu im Management-Wesen, doch die Idee dahinter ist wesentlich älter und grundlegender. Ob Sie nun kaufen, verkaufen oder jemanden davon überzeugen möchten, etwas zu tun – oft ist es klüger, beiden Seiten das Gefühl zu vermitteln, sie hätten gewonnen. Bei kreativen Denkprozessen ist konstruktive Zusammenarbeit besser als Wettbewerbsdenken.

Stellen Sie sich vor, eine Gruppe von 30 Personen bilde Paare, die jeweils mit dem Gesicht zueinander stehen. Jeder erfasst die rechte Hand des Partners. Es gilt, die Hand des Gegners in 30 Sekunden so oft wie möglich gegen dessen Schulter zu drücken.

Die meisten Paare mühen sich unter Stöhnen ab, und jeder gewinnt einige Male. Doch ein Paar arbeitet zusammen. Sie bewegen ihre Hände zwischen den Schultern wie eine Pendeluhr, wobei jeder dieselbe Trefferquote erreicht! Sie haben die eigentliche Aufgabe erkannt – eine versteckte Aufforderung, klug zu sein und zusammenzuarbeiten.

Es ist erstaunlich, wie oft wir auf Wettbewerb eingestellt sind. Vielleicht befürchten wir unbewusst, es könne nur eine Minderheit an Gewinnern geben. Was auch immer Sie erreichen wollen, meistens ist es möglich, für alle Beteiligten eine befriedigende Lösung zu finden.

TECHNIK: **Jeder ist ein Gewinner**

Verwenden Sie diese Tipps zum Üben, um eine Win-Win-Lösung zu erreichen.

Fragen Sie sich:

- Was will ich? Was verschafft mir Befriedigung?
- Wenn ich bekomme, was ich will, wie fühlt sich dann der andere?
- Wenn sich der andere durch mein Vorhaben schlecht fühlt (und vielleicht die Zusammenarbeit verweigert)?, was könnte ich tun, um ihn zufriedenzustellen?

Versuchen Sie:

- Die Bedürfnisse und Ziele des anderen abzuklären und sich vorzunehmen, diese zu bedenken.
- Kompromisse einzugehen. Dies erzeugt ein Gefühl von Zusammenarbeit und macht den anderen geneigt, auf Ihre Wünsche einzugehen und Ihre Forderungen zu erfüllen.
- Jedes Mal, wenn Sie denken, nur zwei Optionen zu haben – eine gute und eine schlechte –, versuchen Sie, eine dritte (vierte) Möglichkeit zu finden, die beiden Seiten entgegenkäme.

➤➤ Schritt 21: Das Problem finden; Schritt 24: Was, wenn?; Schritt 26: Klarheit; Schritt 45: Durchsetzungsvermögen

47 Umgang mit Konflikten

Manche Menschen scheinen Konflikte heraufzubeschwören. Alles, was sie sagen, versetzt ihre Umwelt offensichtlich in Rage. So möchten Sie nicht sein! Andere wiederum haben ein dünnes Nervenkostüm: Sie regen sich über jede Kleinigkeit auf und setzen sich selbst geistig schachmatt, bis sie sich wieder beruhigt haben. So möchten Sie doch auch nicht sein!

Wenn Sie mit Konflikten souverän umgehen können, vergeuden Sie keine Energie durch unnötige Spannungen. Komplexe Situationen stellen dann kein Problem mehr für Sie dar, weil Sie über ausreichend Energie und Geisteskraft verfügen, um sie zu bewältigen. Emotion und Geist befinden sich in Harmonie. Hören Sie auf, negativ auf Kritik zu reagieren. Betrachten Sie sie lieber als wertvolles Feedback, dann erfahren Sie mehr über sich selbst.

Natürlich gibt es im Leben schwerwiegende Konflikte, deren Lösung schier unmöglich erscheint. Aber wenn Sie bereit sind, sich auf die gegenseitige Sichtweise einzulassen, werden Sie die Krise überwinden.

➤➤Schritt 15: Zeit für Gedanken; Schritt 39: Aufmerksames Zuhören; Schritt 40: Meinungsverschiedenheiten; Schritt 41: Feedback geben und erhalten; Schritt 46: Win-Win-Lösungen

TECHNIK: Anatomie eines Konflikts

Versuchen Sie Folgendes, um mit aufkommenden Konflikten umzugehen.

- Seien Sie positiv. Akzeptieren Sie, dass Konflikte unausweichlich sind und notwendigerweise zum Leben gehören.
- Handelt es sich wirklich um einen Konflikt oder glauben Sie das nur? Viele Konflikte entstehen nur, weil ein Beteiligter in Bezug auf den anderen etwas annimmt, was nicht stimmt.
- Unterscheiden Sie zwischen fruchtbaren Konflikten (z. B. in einem schwierigen Fall, bei dem es keine richtigen/falschen Antworten gibt und entgegengesetzte Standpunkte für neue Ideen sorgen) und unnötigen (etwa wenn das Verhalten einer Person aggressive Reaktionen auslöst).
- Nehmen Sie Alarmsignale wahr – wie aggressive Körperhaltung, erhobene Stimme, übertriebene Abwehrhaltung, unnötige Geheimniskrämerei oder offenen Streit. Achten Sie auf Ihre eigene Körpersprache, wenn Sie einen Standpunkt vertreten. Sprechen Sie langsam und ruhig und kommen Sie anderen körperlich nicht zu nahe, wenn Sie eine Situation entschärfen wollen.
- Versuchen Sie:
  alle anzuhören und eine gemeinsame Basis zu finden
  die Gefühle der anderen anzuerkennen
  sich auf das wirklich Wichtige zu konzentrieren
  zu unterbrechen und später auf die Sache zurückzukommen
  für schwerwiegende Konflikte einen neutralen Vermittler zu finden

KAPITEL 9

Die Balance halten

Der amerikanische Autor Robert Fulghum erteilte einen einfachen Rat: „Seien Sie offen für Wunder. Leben Sie ausgewogen – lernen und denken Sie, zeichnen und malen Sie, singen und tanzen Sie und arbeiten und spielen Sie jeden Tag ein bisschen!"

Wenn es nur so einfach wäre! Aber Balance im Leben ist zweifellos wichtig, wenn Sie Ihre geistigen Kapazitäten ausschöpfen wollen. Andernfalls werden Sie außer viel Stress und ineffizienter Arbeit (und Spiel) nur wenige glorreiche Momente erleben! Wenn Sie mit sich selbst im Lot sind, werden Sie wahrscheinlich dort weitermachen, wo andere aufgeben.

Anhand dieses Kapitels können Sie feststellen, ob Sie entspannt oder angestrengt sind und wie Sie Ihr Leben besser in den Griff bekommen, indem Sie sich auf das Wesentliche konzentieren. Achten Sie auf sich selbst, nehmen Sie sich ausreichend Zeit für Familie und Freunde und erstellen Sie einen konkreten Lebensplan.

48 Guter und schlechter Stress

Heutzutage ist ständig von Stress die Rede. Begriffe wie „gestresst", „stressig" und „Stress-Management" sind in aller Munde. Laut landläufiger Meinung ist Stress etwas Schlechtes, etwas, das man vermeiden sollte. Wenn man Stress über einen langen Zeitraum ausgesetzt ist, hat das sicher negative Auswirkungen auf den Geist und beschädigt letztlich das Immunsystem. Doch manche Stressform ist nicht nur unvermeidbar, sondern sogar wünschenswert.

Es bedarf eines gewissen Niveaus an Druck, um Ihren Geist zu Höchstleistungen anzuspornen. Wie in Schritt 6 gelernt, muss man wach und entspannt sein, um sich zu konzentrieren. Es ist sinnvoll, zwischen „gutem" und „schlechtem" Stress zu unterscheiden.

Positiver, gelenkter Stress hilft uns bei Prüfungen und intellektuellen Herausforderungen, ja sogar bei körperlichen Entbehrungen. Unkontrollierter Stress löst eine Vielzahl an aggressiven und ruppigen Verhaltensweisen aus. Zu viel oder andauernder Stress beeinträchtigt Ihre geistigen Kräfte stark.

Stress-Management

Stress kann sich von einem Lebensbereich auf andere ausbreiten, bis der Eindruck „mein Leben ist sehr stressig" so allgegenwärtig ist, dass er die wahre Ursache für das Dilemma verbirgt. „Schlechter" Stress entsteht meist durch zweierlei: Menschen und Situationen. Finden Sie heraus, was oder wer Sie stresst. Das hilft Ihnen, das Problem anzugehen und eine Lösung oder Maßnahmen anzustreben.

Konkrete Pläne helfen, Stress abzubauen. Denken Sie nur daran, wie oft Sie oder andere nervös waren, weil Sie keine Zeit hatten, eine Reise oder ein anderes Vorhaben sorgfältig zu planen, oder wenn etwas Unerwartetes geschah, das durch Planung hätte vermieden werden können. Stellen Sie sich Situationen/Konfrontationen vor und gehen Sie diese im Geist durch, um besser vorbereitet zu sein.

Im Kampf gegen Stress sind Gesundheit und mentale Ruhe unverzichtbar. Regelmäßiger Sport, Yoga, autogenes Training oder Meditation sind gut, doch auch einfache Dinge wie eine bessere Sitzhaltung und kontrollierter Atem helfen.

Sprechen Sie über Dinge, die Sie stressen, verdrängen Sie sie nicht. Manche Menschen tun dies automatisch, Sie müssen vielleicht das nötige Umfeld schaffen. Veranstalten Sie regelmäßig Familientreffen, reden Sie über das, was Sie beschäftigt, und bieten Sie Hilfe an. Alle Teilnehmer könnten Ihre Lieblingsmethode beim Stress-Management auf Poster schreiben und im Haus oder Büro aufhängen.

Finden Sie am Ende eines Arbeitstag Ruhe, indem Sie die letzte Stunde für leichte Tätigkeiten nutzen, z. B. angenehme Telefonate, Planung des nächsten Tags oder Aufräumen. Sind Sie zu Hause angekommen, halten Sie kurz inne, bevor Sie eintreten.

Schlafmangel führt häufig zu noch mehr Überlastung, aber oft kann man wegen Stress nicht schlafen: ein Teufelskreis. Ein Abendspaziergang, Yoga, Essen mit fröhlichen Freunden, ein gutes Buch oder ein lustiger Film helfen, entspannter zu Bett zu gehen.

Atmen Sie in Stressmomenten tief und langsam durch. Nehmen Sie sich eine Auszeit, besonders, wenn Sie befürchten, Ihr Urteilsvermögen könnte getrübt sein. Gehen Sie hinaus, beschäftigen Sie sich mit etwas anderem oder geben Sie vor, auf die Toilette zu müssen.

Halten Sie ein altes Kissen bereit, um Dampf abzulassen. Lassen Sie Ihre negativen Gefühle an ihm aus. Schlagen Sie darauf ein und schreien Sie Ihre Frustration heraus! Weniger spektakulär wäre eine Selbstmassage. Humor kann auch eine große Hilfe sein. Besorgen Sie sich einige DVDs, die Sie garantiert in jeder Gemütslage zum Lachen bringen. Versuchen Sie an Ihrer misslichen Situation etwas zu finden, worüber Sie lachen können.

Finden Sie mit Hilfe gegenüberliegender Checkliste heraus, wie ausgewogen Ihre Lebensführung ist. Wenn die meisten Kreuze in den letzten beiden Spalten stehen, sollten Sie nachdenken, wie Sie Ihre Balance wieder finden könnten.

➤➤ Schritt 5: Geistig und körperlich gesund bleiben; Schritt 6: Entspannte Wachsamkeit; Schritt 15: Zeit für Gedanken; Schritt 35: Verhalten ändern; Schritt 47: Umgang mit Konflikten

CHECKLISTE: **Ausgewogene Lebensführung**	Selten	Manchmal	Sehr oft	Immer
Angestellte				
Kommen Sie vor 19 Uhr nach Hause?				
Vermeiden Sie es, abends zu arbeiten?				
Vermeiden Sie es, an den Wochenenden zu arbeiten?				
Sind Sie nach der Arbeit entspannt?				
Andere Arbeitsformen				
Wenn Sie zu Hause arbeiten, halten Sie sich an feste Arbeitszeiten?				
Wenn Sie Schichtarbeiter sind, haben Sie ausreichend Zeit für Ihr Privatleben?				
Zu Hause				
Wenn Sie kleine Kinder haben, verbringen Sie genügend Zeit mit anderen Erwachsenen?				
Essen Sie gemeinsam mit dem Partner?				
Soziale Kontakte/Entspannung				
Treffen Sie unter der Woche Freunde?				
Haben Sie genug Zeit für Ihre Hobbys und Interessen?				
Treiben Sie regelmäßig Sport?				
Wachen Sie erfrischt und ausgeschlafen auf?				

49 Energie tanken

Im ersten Kapitel haben Sie erfahren, wie wichtig es ist, körperlich und geistig gesund zu bleiben. Das Gleiche gilt für eine ausgewogene Lebensführung. Dennoch fühlen sich die meisten von uns zeitweise wie eine leere Batterie, die aufgeladen werden muss.

Üblicherweise nimmt man in so einem Fall Urlaub. Man schläft viel, genießt die frische Luft und vermeidet aufreibende Tätigkeiten. Doch selbst diese Zeit muss individuell gestaltet werden. Wir lernen unterschiedlich, also tanken wir auch auf unterschiedliche Weise Energie. Einige finden in den Bergen und in der Einsamkeit Ruhe, andere brauchen die Energie anderer Menschen und entspannen sich eher bei einem geselligen Beisammensein.

Wir wissen aber manchmal nicht, was uns wirklich gut tut und uns mit neuer Energie versorgt. Das alte Sprichwort „Abwechslung tut Wunder" erinnert uns daran, dass ein Gegensatz häufig genau das ist, was wir brauchen. Ein geselliger, unterhaltsamer Mensch könnte z. B. von einem Meditations- oder Yoga-Urlaub profitieren, selbst wenn das seiner Meinung nach nicht zu ihm passt. Einer nachdenklichen Person, die zur Entspannung liest oder Musik hört, könnte vielleicht ein Wochenende in der Natur mit anderen gut tun.

➤➤ Schritt 5: Geistig und körperlich gesund bleiben; Schritt 24: Was, wenn?

ÜBUNG: Wie tanken Sie am besten Energie?

Diese Übung besteht aus zwei Teilen. Der erste Teil liefert Ihnen Ideen, wie Sie Energie tanken können. Im zweiten Teil können Sie herausfinden, welche Methode tatsächlich für Sie geeignet ist.

Sind Sie gerne:

- in Gesellschaft/allein?
- in der Natur/drinnen?
- spontan/gut organisiert?

Wahrscheinlich können Sie sich nicht festlegen. Was dann?

Möchten Sie (vielleicht) Folgendes ausprobieren:

- etwas Kontemplatives (Yoga, Meditation oder ein Kloster)?
- eine körperliche, entspannende Betätigung (Jogging, Walking, Schwimmen)?
- etwas Anderes (z. B. einen Tapetenwechsel)? Falls ja, was?

Wenn Sie die Antworten untereinander kombinieren, sollten Sie Ihr persönliches Rezept für ein geistiges (und körperliche) Wohlfühlprogramm erhalten. Nun:

- vergleichen Sie es mit Ihrem Alltag. Gibt es große Unterschiede?
- fragen Sie Ihren Partner oder einen engen Freund, was für Sie das Beste wäre (deren Antwort führt vielleicht zu einem anderen Ergebnis)
- teilen Sie Ihren Mitmenschen Ihr Vorhaben mit, damit diese über Ihre Bedürfnisse informiert sind und Sie unterstützen und ermutigen können.

50 Nein sagen

Ich habe immer wieder betont, wie wichtig eine positive Geisteshaltung ist. Nein zu sagen, erscheint nun überraschend negativ. Dennoch besteht der Tag aus vielen Stunden, und Nein sagen zählt zu den wichtigsten Fähigkeiten, die Sie sich aneignen sollten. Können Sie es nicht, werden Sie sich mehr Sorgen um andere als um sich selbst machen und nie ausreichend Zeit für die Weiterentwicklung Ihres Geistes haben. Sie könnten auch von anderen emotional abhängig werden. Und wahrscheinlich werden Sie Dinge tun, die Ihren geistigen Horizont nicht zufriedenstellend erweitern.

Sagen Sie manchmal Nein, bieten Sie Ihrem Geist die Möglichkeit, neue Gebiete zu erkunden. Denken Sie kurz über Ihr Leben nach. Gibt es in Ihrem Privatleben Dinge, zu denen Sie aus heutiger Sicht besser Nein gesagt hätten? Und in Ihrem Arbeitsleben? Haben Sie Ja gesagt zu Dingen, deren Verrichtung nicht ganz zu Ihnen passt und die wenig Anregung bieten?

Wahrscheinlich fällt es Ihnen relativ leicht, herauszuarbeiten, wozu Sie Nein sagen möchten. Die Umsetzung in die Praxis fällt meist sehr schwer. Viele Menschen erlauben ihr ganzes Leben lang anderen, auf ihren Bedürfnissen und Wünschen herumzutrampeln, da sie nie für sich selbst einstehen. Möchten Sie so sein?

TECHNIK: **Souverän ablehnen**

Befolgen Sie folgende drei Schritte, um herauszufinden, wie Sie am besten lernen, Nein zu sagen.

1 Seien Sie sich Ihrer Gefühle bewusst, wenn jemand Sie um etwas bittet, das Sie nicht tun möchten. Vielleicht wollen Sie niemanden verletzen oder Sie haben Angst, eine Beziehung ginge zu Bruch oder ein Vorgesetzter würde Sie weniger schätzen, wenn Sie sich verweigern – sogar wenn diese Person es selbst tun könnte.
Nicht vergessen: Sie sind nicht für die Gefühle anderer verantwortlich!

2 Haben Sie Ihre Gefühle erkannt, überlegen Sie, ob sie angebracht sind. Bedenken Sie gründlich die negativen Auswirkungen, wenn Sie nicht Nein sagen. Zum Beispiel: Sie enttäuschen andere, wenn Sie nicht „funktionieren"; Sie stehen unter Druck, weil Sie etwas ausführen wollen, von dem Sie von vornherein wissen, dass Sie es nicht schaffen werden.
Nicht vergessen: Sie können für sich selbst einstehen.

3 Sagen Sie Nein! Wenn Sie normalerweise Ja sagen, scheint es schwierig. Üben Sie also, wie Sie es ausdrücken werden. Seien Sie klar, ehrlich und ruhig.
Nicht vergessen: Menschen werden Sie wegen Ihrer Aufrichtigkeit respektieren.

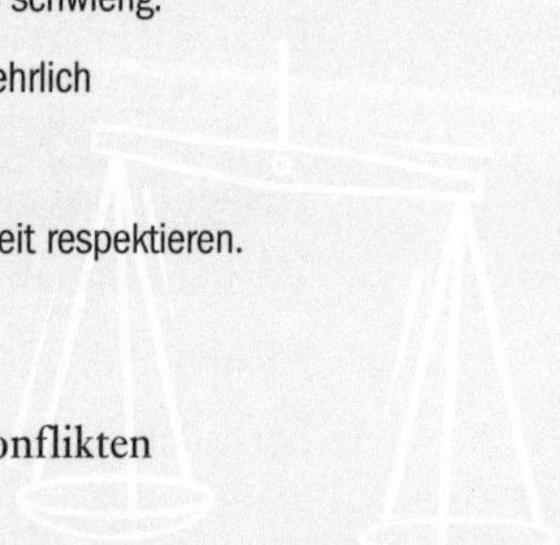

➤➤ Schritt 16: Bilanz ziehen; Schritt 47: Umgang mit Konflikten

51 Ziele setzen

Manchmal steigen wir ins Auto und fahren aufs Geratewohl los, vor allem, wenn wir die rasante Fahrt in einem Sportwagen genießen. In der Regel haben wir aber ein bestimmtes Ziel vor Augen. Wie verhält es sich mit Ihrem Leben? Wissen Sie, wohin die Reise geht? Haben Sie klar definierte Ziele?

Klare Zielsetzung ist eine sichere Methode, um Ihre geistigen Kapazitäten auszuschöpfen. Um bei Autos zu bleiben: Nachdem Sie ein neues Auto gekauft hatten, nahmen Sie da nicht plötzlich viele andere Wagen derselben Marke wahr? Sie hatten Ihre Aufmerksamkeit auf diesen Punkt gerichtet. Sie hatten sich für eine bestimmtes Auto interessiert, deshalb fielen Ihnen alle Wagen dieser Marke auf.

Zielsetzung funktioniert ähnlich. Legen Sie Ihre Ziele fest, notieren Sie sie, und Ihr Geist wird sich automatisch darauf konzentrieren – bewusst und unbewusst.

Natürlich hängt die Fähigkeit, Ziele zu erreichen, von der Wahl Ihrer Ziele ab. Sie sollten tatsächlich Ihren Wünschen entsprechen, nicht nur gut klingen oder etwas sein, von dem Sie glauben, es zu wollen. Es ist auch nicht sinnvoll, sich unrealistische Ziele zu setzen. Wahrscheinlich hilft es Ihnen, eine begrenzte Anzahl von Zielen festzulegen, jeweils eines für einen Aspekt Ihres Lebens (z. B. privat, beruflich, gesundheitlich, persönliche Entwicklung, Beziehungen).

ÜBUNG: **Was sind Ihre Ziele?**

Nutzen Sie folgende Vorschläge, um herauszufinden, welche Ziele Sie wirklich verfolgen möchten und wie Sie diese erreichen könnten.

1 Stellen Sie sich selbst in fünf oder zehn Jahren vor. Schließen Sie die Augen und malen Sie sich aus, was Sie tun werden, wo Sie sein werden, wer an Ihrer Seite sein wird und wie Sie sich fühlen werden.

2 Versuchen Sie, nicht mehr als drei Ziele festzulegen. Denken Sie an Ihr Privatleben, Ihr Zuhause, Ihre Arbeit. Notieren Sie Ihre Ziele in der Art wie: „Ich möchte…" Seien Sie bei jedem Ziel präzise und realistisch, legen Sie die Latte weder zu hoch noch zu tief. Ist eines der Ziele wichtiger als die anderen? Falls ja, konzentrieren Sie sich eventuell zunächst nur auf dieses.

3 Fragen Sie sich nun, wie Sie es erreichen können. Setzen Sie sich zunächst zeitnahe Ziele, die Ihnen das Erreichen der Ziele in ferner Zukunft erleichtern. Erstellen Sie auch einen Zeitplan. Beispiel: Sie möchten innerhalb der nächsten fünf Jahre auswandern. Sie könnten nächstes Jahr die fremde Sprache erlernen und einen Sparplan erstellen. Im Jahr danach könnten Sie eine längere Reise dorthin unternehmen, um Orte und Kultur zu erkunden.Im dritten Jahr könnten Sie Immobilienpreise, dortiges Recht usw. prüfen.

➤➤ Schritt 19: Den Kontext erkennen; Schritt 52: Lebensplan erstellen

52 Lebensplan erstellen

Wie sieht Ihr Alltag aus? Haben Sie genügend Zeit, Dinge zu erledigen, oder finden Sie – wie die meisten –, dass die Zeit zu schnell vergeht, so dass Sie am Abend vollkommen erschöpft sind, aber nicht alles erledigt haben, was Sie sich vorgenommen hatten?

Ohne das Setzen von Prioritäten und etwas Planung können nicht nur Tage, sondern sogar Monate und Jahre auf diese Weise vergehen. Seien Sie egoistisch und verschwenden Sie Ihre Zeit nicht mit unwichtigen Dingen, die Sie geistig nicht weiterbringen!

In Schritt 19 erfuhren Sie vom Wert des Gesamtbilds und der Unterteilung in kleinere Einheiten. Behalten Sie dies im Hinterkopf, wenn Sie Pläne erstellen. Auch die Frage nach der Dringlichkeit und Wichtigkeit ist hilfreich, Prioritäten zu setzen

Für wahre geistige Entwicklung sollten Sie allerdings nur folgende Fragen mit Ja beantworten: Ist es eine Herausforderung? Ist es schwierig? Muss ich etwas Neues lernen? Die Prioritäten für geistige Entwicklung sind gänzlich anders als die für ein leichtes Leben! Sie müssen aktiv nach Möglichkeiten für Ihre persönliche Entwicklung suchen. Wenn Sie Ihre geistigen Kapazitäten ein Leben lang voll ausschöpfen wollen, brauchen Sie einen Lebensplan.

Die folgenden Tipps werden Ihnen hoffentlich helfen, einen Lebensplan zu erstellen. Sie werden Höhen und Tiefen des vergangenen Jahres durchleuchten, Ihre Erwartungen an das Leben rekapitulieren und wie Sie diese in den nächsten 12 Monaten erfüllen können. Notieren Sie, wie und wann Sie alles in die Tat umsetzen werden.

Phase 1: Zeit nehmen

Einen Lebensplan erstellt man nicht mal eben zwischen Tür und Angel. Nehmen Sie sich ein ganzes Wochenende lang Zeit, an dem Sie ungestört sind. Tun Sie Dinge, die Ihnen Spaß machen, doch nutzen Sie viel Zeit, um in sich zu gehen und nachzudenken.

Sie können es alleine tun oder einen engen Freund hinzuziehen, mit dem Sie Ideen konstruktiv diskutieren können. Vielleicht möchten Sie auch einen gemeinsamen Plan erstellen, weil Ihre Leben miteinander verwoben sind. Sprechen Sie ausführlich über Gefühle, Bedürfnisse und gegenseitige Unterstützung. Definieren Sie gemeinsame sowie persönliche Ziele und wie man sie erreichen könnte.

Meine Frau und ich nutzen meist das erste Wochenende nach den Sommerferien. Dann sind wir entspannt und die Arbeitswelt ist zwar vorhanden, wirkt aber nicht bedrückend. Um die Kindern kümmern sich Großeltern oder Freunde. Das schafft Freiraum. Für eine Lebensplanung sollten Sie nicht nur viel Zeit, sondern auch die richtige Geisteshaltung mitbringen, die es Ihnen erlaubt, 100-prozentig bei der Sache zu sein. Das ist wichtig, sonst klappt es nicht. Wenn Sie gedanklich abschweifen, werden Sie nicht sehr weit kommen.

Phase 2: Beginnen Sie

Beginnen Sie beim Privatleben und überdenken sie Ihre Lebensweise, Ihre Freundschaften und Aktivitäten. Betrachten Sie Fotos oder einen Film des letzten Jahres, um dieses Revue passieren zu lassen. Denken Sie an spezielle Vorfälle, die wichtig für Sie waren. Tun Sie dies mit einem Partner, lassen Sie einander Freiraum und Ruhe, damit die ersten Gedanken gänzlich von Ihnen kommen und nicht vom anderen beeinflusst werden. Hier einige Fragen für den Anfang:

PRIVAT

- Gibt es etwas zu Hause, was Sie gerne ändern würden?
- In welche Beziehung investieren Sie am meisten? In welche *sollten* Sie mehr Zeit investieren?
- Sind Sie mit Ihrem derzeitigen Freundeskreis zufrieden? Hat er sich erweitert oder blieb er gleich?
- Welche Bücher lesen Sie?
- Was sind Ihre Hobbys/Freizeitaktivitäten? Haben Sie mit etwas aufgehört oder etwas Neues begonnen?
- Treiben Sie Sport? Haben Sie mit etwas aufgehört oder etwas Neues begonnen?

Vielleicht möchten Sie an diesem Punkt auch über Materielles nachdenken, das für Sie wichtig ist – z. B. Job, Karriere, Einkommen usw. Tun Sie dies allerdings erst nach den privaten Fragen.

ARBEIT

- Finden Sie Ihre Arbeit anregend und interessant oder langweilig?
- Fühlen Sie sich unterbeschäftigt oder sind Sie überfordert?
- Hat sich die Art Ihrer Arbeit geändert, oder tun Sie schon seit vielen Jahren dasselbe?
- Streben Sie an, die Karriereleiter hochzuklettern, oder haben sie bereits alles erreicht?
- Haben Sie Angst davor, eine grundlegende Veränderung vorzunehmen?
- Haben Ihre Finanzen grundlegende Auswirkungen auf Ihr Privatleben?

Denken Sie auch an Höhen und Tiefen des letzten Jahres. Versuchen Sie, eine Liste aller Dinge zu erstellen, die Sie öfter/seltener tun möchten.

Phase 3: Das Ziel festlegen

Wo soll die Reise hinführen? Kurzfristige Ziele können Teil von längerfristigen sein, denken Sie also zunächst an die ferne Zukunft. Was streben Sie an? Möchten Sie über das Rentenalter hinaus arbeiten? Haben Sie Familie, und wie sieht es damit aus? Eine gute Idee ist, sich Schritt 1 und 2 der Übung auf Seite 163 nochmals anzusehen, um sich Ihre bereits gesetzten Ziele in Erinnerung zu rufen. Wahrscheinlich passen Sie zu Ihrem Plan.

Denken Sie nun an das kommende Jahr. Was werden Sie tun? Denken Sie zu diesem Zeitpunkt noch nicht über das Wie nach. Beginnen Sie mit den grundlegenden prinzipiellen Aspekten, z. B. weniger zu arbeiten oder mehr Zeit mit Ihren liebsten Freunden zu verbringen. Denken Sie dann an verschiedene Bereiche Ihres Lebens.

- Welche neuen Lernmöglichkeiten könnten Sie erproben?
- Welche drei Dinge könnten Ihre derzeitige Arbeit interessanter machen?
- Würden Sie gerne ein Studium beginnen? Welches?
- Sind Sie mit Ihrem Freundeskreis zufrieden, welche neuen Herausforderungen könnten Sie für alle finden? Falls nicht, wie könnten Sie neue Menschen mit frischen Ideen treffen?

Erstellen Sie, ausgehend von folgenden Begriffen, eine Liste: Familie, unsere Beziehung, Freunde, Garten, Haus, Urlaub, Geld, Gesundheit, Freizeit, Spiritualität und natürlich Steigerung der geistigen Leistungsfähigkeit. Versuchen Sie, für jede dieser Überschriften ein oder zwei Pläne zu erstellen.

Phase 4: Realität überprüfen

Wenn das letzte Jahr für Sie positiv verlaufen ist, werden Sie diese Phase am meisten genießen. Vielleicht möchten Sie bestimmte Dinge herausstellen, die Sie auf Grund der von Ihnen getroffenen

Entscheidungen definitiv erreicht haben. Diese Art Bilanz zu ziehen, zeigt Ihnen, wie sehr Sie Ihr Leben unter Kontrolle haben. Das bloße Aussprechen, dass Sie etwas aufhören oder etwas beginnen möchten, ist absolut sinnlos! Andererseits ist es entmutigend, wenn Sie Ihre Ziele nie erreichen. Nehmen Sie sich also die Zeit, Ihre Ziele für das kommende Jahr genau zu betrachten.

- Sind Sie theoretisch umsetzbar oder bauen Sie Wolkenschlösser?
- Was werden Sie tun, um sie umzusetzen?
- Ist Ihr Zeitplan realistisch?

Phase 5: Sich dem Plan verpflichten

Es ist psychologisch sehr wichtig, sich aktiv in Worten (und wenn möglich in Bildern) den Zielen für das kommende Jahr zu verpflichten. Sehen Sie sich auch im Laufe des Jahres den Plan mehrmals an, um den Fortschritt zu überprüfen.

Viele Schritte in diesem Buch unterstützen Sie durch Rat und Übungen dabei, Ihre Ziele zu erreichen. Doch im Hinblick auf Ihren Lebensplan ist es wahrscheinlich sinnvoll, sich folgende Schritte nochmals genauer anzusehen: Schritt 16: Bilanz ziehen, Schritt 35: Verhalten ändern, Schritt 36: Geschehenes hinter sich lassen, Schritt 51: Ziele setzen.

Schlusswort

Der amerikanische Management-Guru W. Edwards Deming sagte: „Lernen ist nicht zwingend nötig, doch Überleben ist es auch nicht."

Er hatte Recht. Niemand kann Sie zum Lernen zwingen. Sie können einen Schüler zum Wasser bringen, aber Sie können ihn nicht zum Trinken zwingen! Haben Sie allerdings begonnen, Ihren Geist effizient zu nutzen, ist es um Sie geschehen. Wie bei einer sehr starken Droge werden Sie immer gieriger. Die Ausschöpfung Ihrer vollen geistigen Kapazitäten – Lernen im weitesten Sinn – ist ohne Übertreibung der Schlüssel zu Ihrem Potenzial. Sie werden Dinge entdecken, die Sie zuvor nicht bemerkten. Die Nobelpreisträgerin Doris Lessing meint: „Das ist die Bedeutung von Lernen. Plötzlich verstehen Sie etwas, was Sie Ihr ganzen Leben bereits verstanden haben, doch auf eine völlig neue Weise."

Das Großartige am Lernen ist, dass es Sie nicht nur fürs Überleben wappnet, sondern Ihr Wohlbefinden steigert und außerdem mehr Glück sowie Erfolg in Ihr Leben bringt Wenn Sie an Ihrer Alltagsroutine festhalten, werden Sie zwar überleben, aber nicht über sich hinauswachsen. Begreifen Sie allerdings jede Erfahrung und jeden Fehler als Chance, es das nächste Mal besser zu machen, dann sind Sie bereits auf halbem Weg zum Erfolg.

Weiterführende Literatur

Wenn Ihnen dieses Buch gefallen hat, empfehle ich:

Buckingham, Marcus und Clifton, Donald *Entdecken Sie Ihre Stärken jetzt! Das Gallup-Prinzip für individuelle Entwicklung und erfolgreiche Führung,* Frankfurt, 2007

Butler, Gillian und **Hope, Tony** *So wird Ihre Psyche fit. Selbstvertrauen stärken. Probleme lösen. Ziele erreichen,* München, 2001

Butler, Gillian *Schüchtern – na und? Selbstsicherheit gewinnen,* Bern, 2006

Buzan, Tony *Kopftraining. Anleitung zum kreativen Denken. Tests und Übungen*, München, 1998

Buzan, Tony *Das Mind-Map-Buch. Die beste Methode zur Steigerung Ihres geistigen Potenzials*, Heidelberg, 2005

Buzan, Tony *Speed Reading. Schneller lesen – Mehr verstehen – Besser behalten,* München, 2007

Claxton, Guy *Der Takt des Denkens. Über die Vorteile der Langsamkeit,* Berlin, 1998

Fisher, Roger und Shapiro, Daniel *Erfolgreicher verhandeln mit Gefühl und Verstand*, Frankfurt, 2007

Gigerenzer, Gerd *Bauchentscheidungen. Die Intelligenz des Unbewussten und die Macht der Intuition,* München, 2007

Goleman, Daniel *Emotionale Intelligenz*, München, 1997

Goleman, Daniel *Die heilende Kraft der Gefühle*, München, 2000

Goleman, Daniel *Kreativität entdecken*, München, 2002

Goleman, Daniel *Soziale Intelligenz. Wer auf andere zugehen kann, hat mehr vom Leben*, München, 2006

Holford, Patrick *Optimale Ernährung für die Psyche,* Weil der Stadt, 2004

Klappacher, Christine *Implizites Wissen und Intuition*, Saarbrücken, 2006

Langer, Ellen *Fit im Kopf*, Reinbek bei Hamburg, 1996

Langer, Ellen *Kluges Lernen*, Reinbek bei Hamburg, 2001

Ratey, John *Das menschliche Gehirn. Eine Gebrauchsanweisung*, München 2003

Rose, Colin und **Nicholl, Martin** *M.A.S.T.E.R.-Learning. Die optimale Methode für leichtes und effektives Lernen*, Heidelberg, 2002

Seligman, Martin *Pessimisten küsst man nicht. Optimismus kann man lernen*, München, 2001

Seligman, Martin *Der Glücksfaktor. Warum Optimisten länger leben*, Bergisch-Gladbach, 2005

Sternberg, Robert *Erfolgsintelligenz. Warum wir mehr brauchen als EQ und IQ*, München, 1998

von Thun, Schulz, Friedemann *Miteinander reden. Band 1: Störungen und Klärungen*, Reinbek bei Hamburg, 2007

Notizen

Notizen

Notizen

Kontakt zum Autor

Gehen Sie auf www.bill-lucas.com, um Bill Lucas zu kontaktieren.

Danksagung des Autors

Ich danke meiner Frau und meiner Familie dafür, dass ich vieles an ihnen ausprobieren durfte! Auch Guy Claxton für seine Gedanken und seine Freundschaft.

Hier die Antwort zur Aufgabe auf Seite 123.

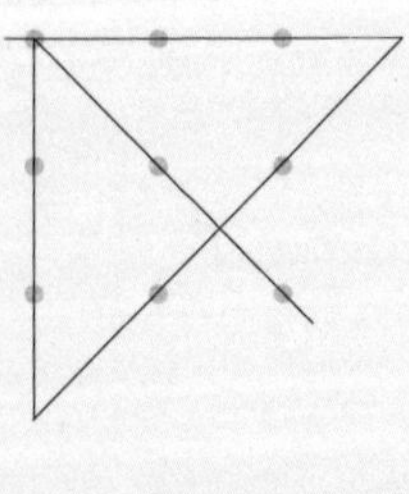